核心素养理念下

小学数学课型教学研究与案例

孟庆云——主编

中国文联出版社

图书在版编目（CIP）数据

核心素养理念下小学数学课型教学研究与案例 / 孟庆云主编. — 北京：中国文联出版社，2021.12

ISBN 978-7-5190-4815-0

Ⅰ. ①核… Ⅱ. ①孟… Ⅲ. ①小学数学课—教学研究

Ⅳ. ①G623.502

中国版本图书馆CIP数据核字（2021）第281497号

编　　者　孟庆云
责任编辑　曹艺凡
责任校对　张　红
装帧设计　刘贝贝　李　娜

出版发行　中国文联出版社有限公司
社　　址　北京市朝阳区农展馆南里10号　　邮编　100125
电　　话　010-85923025（发行部）　　010-85923091（总编室）
经　　销　全国新华书店等
印　　刷　北京米乐印刷有限公司
开　　本　710毫米×1000毫米　　1/16
印　　张　17.5
字　　数　284千字
版　　次　2022年4月第1版第1次印刷
定　　价　45.00元

编　委　会

序 言

2019年3月，平原县教育和体育局成功申报了山东省基础教育教学改革项目"基于核心素养下的小学数学课堂教学标准建设研究"，立项后，项目组邀请专家进行了开题论证，科学、有序地开展了研究工作。

经过近两年的探索实践，总结出概念课、运算课、规律课的教学标准，包括教的标准、学的标准、评价标准。汇总项目研究的课型梳理、教学模式、典型课例及分析、核心素养测评与分析等材料编撰成册，形成本书。

本书是山东省基础教育教学改革项目"基于核心素养下的小学数学课堂教学标准建设研究"的主要成果之一。

本书内容包括研究综述（研究背景、文献梳理、现状分析、研究课型分类），概念课型（概念课型教学内容梳理、概念课型课堂教学模式、概念课型课堂教学标准、概念课型典型课例及分析），运算课型（运算课型教学内容梳理、运算课型课堂教学模式、运算课型课堂教学标准、运算课型典型案例及分析），规律课型（规律课型教学内容梳理、规律课教学模式、规律课型教学标准、规律课型典型案例及分析），核心素养测评与分析（核心素养测评解读、概念课型核心素养测评与分析、运算课型核心素养测评与分析、规律课型核心素养测评与分析）共五章二十节内容。

本书的研究参阅了《义务教育数学课程标准（2011版）》《普通高中数学课程标准（2017版）》《中小学数学教学课型研究》（吴亚萍著）、《小学数学核心素养教学论》（王永春著）等书目和著作。

基于核心素养下的小学数学课堂教学标准建设研究是一个复杂的系统，对它的认识也在不断发展。本书内容只是我们对它研究的阶段性成果，随着项目研究的不断推进，我们对这一标准建设研究也会不断地加深、丰富和完善。

在书稿的撰写过程中，从文献的梳理、课例的打磨、模板的设计、标准的制定，德州市教育科学研究院副主任、小学数学教员谢志平老师一直给予专家引领和理论指导，项目组成员、各实验学校和实验教师付出了巨大努力，最终呈现了本书的内容。在此对谢主任和大家表示衷心的感谢！

我们力求将教学理论与实践融为一体，让标准从课堂中来，再到课堂中去，希望能为一线数学教师的课堂教学注入新的活力，为高效课堂的实现贡献我们微薄的力量。我们总结的标准可能还不够成熟，但我们在一路思考，一路前行……不足之处希望广大读者给予指正。

孟庆云

2020年12月30日

目 录
CONTENTS

第一章

研究综述

第一节　研究背景

2011年《义务教育数学课程标准》颁布，使我们的小学数学教学更加突出了德育为先，能力为重，创新方法，力求减负等特点。作为一线教师来说，师资水平呈现出层次性和多样性。对于不同层次的教师而言，对课标的理解很难说"到位"，对教材的处理很难做到"适度"，对学生的发展很难做到"人人都能获得良好的数学教育"。在教学中常表现为：只注重知识的基础性和普及性，没有体现知识的发展性；教学情境的创设忽略了学生的认知基础，把握不准知识生长点；合作探究活动缺乏深度和广度，不能有效激发学生的数学思考；对于学生在课堂中的突出表现不能及时发现、点拨，错失知识的生成，很难落实学生的数学学科核心素养。

如何能够从"课堂教学的细节"入手，关注课标落实到一线教学，立足我县小学数学教学的实际，从问题出发，通过自身教学努力，寻求实践性地解决问题，能够注意到教学研究与教学活动的联系，让每一位教师切实掌握落实课程目标的实践方法，从而促进我县广大小学数学教师的专业发展，是当前急需要解决的问题。

为此，平原县小学数学团队针对课堂中发现的真问题，开展点、线、面式真研究，不仅催生崭新课堂教学的创造，而且逐渐探索出适合县域数学教师发展的培养模式，更是形成了教师乐教、学生乐学、师生乐研的大好局面，实现了从县级点式研究到省级改革项目研究的实质性跨越，引领全县小学数学教师逐步走向科研这条幸福的道路上来。

一、找准研究点，开启县域小学数学研究之路

（一）课堂中发现真问题

视导中，一位教师在执教青岛版六年级下册《圆柱的侧面积和表面积》时，学生操作、课件演示都有，但是不深入，学生貌似学会。但当教师提问：当底面周长和高相等时圆柱的侧面展开图是什么图形？学生回答"长方形"。教师一脸的茫然，怎么会出现这样的回答？课下研读教材：通过探索与发现，理解并掌握圆柱的侧面积、表面积。参照《义务教育数学课程标准》（2011年版）：通过观察、操作，认识长方体、正方体、圆柱和圆锥，认识长方体、正方体和圆柱的展开图[1]。这足以说明学生通过探索认识圆柱侧面展开图的重要性。课后点评时，听课教师一致认为：这节课学生通过动手操作不深入，继而不明确沿高剪及剪开前后的关系，所以不能依据直接经验真正理解圆柱侧面展开图是什么图形。

这一知识点是否对后续学习有影响呢？接下来，对县域内部分七年级的学生进行调查，题目如下（图1-1），有一个圆柱的高为6cm，底面周长为16cm，在圆柱下底面的A点有一只蚂蚁，它想吃到上底面B点处的食物，则沿着圆柱的表面需要爬行的最短路程是_____cm。

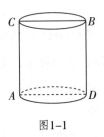

图1-1

这是典型的平面展开时最短路径问题。可是抽测结果不尽如人意。这充分说明，六年级圆柱侧面展开图的学习的重要性。针对这一知识点，是否全县的学生都存在以上的问题呢？

（二）两次调研

第一次调研：2014年5月，全县小学数学知识应用活动，笔者做了第一次调研，这是从全县4800名小学六年级学生中抽取720人（15%）。考察题目如下（图1-2）：一块长方形铁皮，利用图中的阴影部分刚好做一个油桶（接头处忽

3

略不计）。求这个油桶的容积。

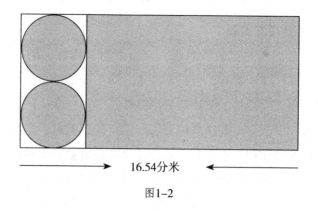

16.54分米

图1-2

第一次调研结果统计：参加活动的720名学生，竟然有223人出错，出错率达30.97％。出错原因：①部分学生没有思路；②有的学生求出半径，找不到圆柱的高。笔者反思：这道题是和青岛版六年级下册教材第22页第5题同种类型，是考查空间观念的题目，试题难度在0.7左右，出错率之高，不容忽视。

第二次调研：2014年6月的全县小学生六年级毕业水平测试，题目如下：把一个高3分米的圆柱体底面平均分成若干个扇形，然后把圆柱体切开，拼成一个与它等底等高的近似长方体，长方体的表面积比圆柱体的表面积增加60平方分米，原来圆柱体的体积是多少？

第二次调研结果统计：全县共4290名小学毕业生，竟有2185人出错，出错率达50.93％.分析出错原因：①没有空间观念，无从下手的学生约占三分之一；②增加的表面积是哪儿不懂，即增加的是长方体哪个面的面积分不清；③怎样求半径方法不会，思路混乱不清晰。

以上两次调研，足以证明我县小学生不是圆柱侧面积这一知识点没掌握好，而是空间观念没有有效建立。因此，我们找准了这一研究点，"如何有效培养学生的空间观念"正式提上我县教学研究的日程。

二、明确四条线，深入开展小学数学纵向研究

"空间观念"主要体现在"图形与几何"领域，这一领域是小学阶段"数学与代数""图形与几何""统计与概率"和"综合与实践"四大领域之一，于是我们采取线式研究，将一至六年级的数学知识按四大领域串成四条线，首

先开启"图形与几何"这条线的研究，力求有效培养学生的空间观念。

（一）明确空间观念的概念

空间观念是指根据物体特征抽象出几何图形，根据几何图形想象出所描述的实际物体；想象出物体的方位和相互之间的位置关系；描述图形的运动和变化；依据语言的描述画出图形等。[①]

（二）开展理论研究

在县域层面上进行教学研究，必须得引领到位。首先明确分析学情的重要性，即掌握小学生的年龄特征和现有认知水平是教师课前必做的功课。于是县教研员引领种子教师仔细阅读发生认识论创始人、儿童心理学家皮亚杰《儿童的物理因果概念》等著作，熟悉儿童的心理，掌握学情做到有据可依。然后对照课程标准研读教材，按"图形与几何"这条线把一至六年级的数学教材分块展示（见下表）：

一至六年级的数学教材分块

空间观念	根据物体特征抽象出几何图形，根据几何图形想象出所描述的实际物体	五年级下册：七—长方体和正方体
		六年级下册：二—圆柱和圆锥
	想象出物体的方位和相互之间的位置关系	一年级上册：四—认识位置
		二年级上册：六—认识方向
		三年级上册：四—位置与变换
		五年级下册：四—方向与位置
	描述图形的运动和变化	三年级上册：四—位置与变换　窗2
		三年级上册：二—对称
		五年级上册：二—对称、平移、旋转
		六年级下册：四—比例尺
	依据语言的描述画出图形等	二年级下册：五—观察物体
		四年级下册：六—观察物体

---

① 中华人民共和国教育部制定.义务教育数学课程标准（2011年版）［M］.北京：北京师范
大学出版社，2012.第6页

（三）进行实践探究

1. 引导学生观察、感知实物和几何图形

在讲面积时，不仅让学生感知实物的表面，如课桌面、课本封面，还让学生通过拼摆比较餐厅和厨房面积的大小，来感知面积单位产生的必要性（图1-3）。

图1-3

2. 加强实验操作，获得直观感知

如在探索长方形面积公式时，可让学生先摆一摆，数一数，一共用了多少个小正方形把长方形铺满；在摆的过程中有的学生为简单起见，沿长摆一行，沿宽摆一列，计算出一共能摆多少个小正方形；教师继而引导学生用尺子量出长方形的长和宽，想象出沿长能摆几个，沿宽能摆几个，计算得出一共能摆多少个小正方形，从而为长方形面积公式推导奠定了扎实的基础（图1-4）。这样的实验操作过程，由直观到抽象，是培养小学生的空间观念的一种有效的方式。

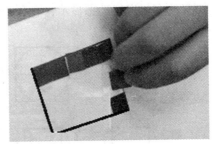

图1-4

3. 关注儿童几何思维的发展

在推导圆的周长公式时，虽然在三年级学习周长时学生对化曲为直的测量方法有初步认识，但到六年级时还是会出现如下学生把尺子扭弯了来测量曲线的长度。所以要充分考虑儿童几何思维发展的实际水平，在儿童的最近发展区内实施教学活动经验。在此，教学时教师让学生经历猜想、实验、发现和归纳等数学活动，体会"化曲为直"的转化思想，积累数学活动经验。（图1-5）

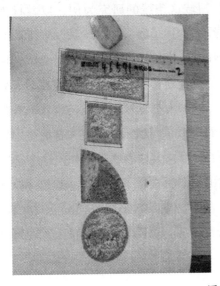

图1-5

4. 利用信息技术培养学生空间观念

在探究圆的面积、圆柱的体积时，等分的份数越多，越接近长方形、长方体，这种极限思想的培养是传统教学无法达到的效果，及时有效地利用信息技术对图形的变化进行动态显示，有利于学生空间观念的形成（图1-6）。

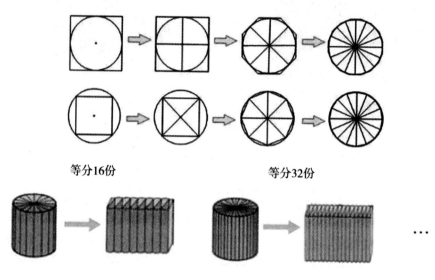

等分16份   等分32份

图1-6

综上所述，我们以"图形与几何"领域这条线的研究为例，以教材为载体，以空间观念的理解与培养策略为主线，阐述了我县的小学数学教学研究思路。这项研究历经六年，我县把小学数学四大领域研究完毕，并形成了县域内小学数学教学标准，申请的德州市教育科学规划重点课题、山东省教学研究课题《小学教学标准建设研究》相继结题，使一大批青年教师成长为骨干教师，涌现出2位德州市名师，连续四年走向省级课堂进行展示。随着《普通高中数学课程标准》（2017年版）的出版，明确了数学六大核心素养，如何在小学数学课堂教学中落实核心素养？于是我县于2019年3月申报了山东省基础教育教学改革项目——《基于核心素养下的小学数学课堂教学标准建设研究》，并成功立项，获得30000元专项研究经费，这标志着我县小学数学研究已步入了省级教学改革的前列。①

---

① （内容摘自 孟庆云《开启研究门，走向幸福路》山东教育，2020.9）

第二节　文献梳理

　　《现代汉语词典》中将素养解释为：①修习涵养；②平素所供养。核心素养指学生应具备的适应终身发展和社会发展需要的必备品格和关键能力，突出强调个人修养、社会关爱、家国情怀，更加注重自主发展、合作参与、创新实践。本项目研究的核心素养是指数学核心素养，数学核心素养是具有数学基本特征、适应个人终身发展和社会发展需要的必备品格与关键能力，是数学课程目标的集中体现，是在数学学习过程中逐步形成的；数学核心素养包括数学抽象、逻辑推理、数学建模、直观想象、数学运算、数据分析共六个方面，更进一步讲还包括学会学习、数学应用、创新意识等；从学习评价的角度看，数学核心素养主要体现在情境与问题、知识与技能、思维与表达、交流与反思的综合运用能力上。

　　标准是科学、技术和实践经验的总结。为在一定的范围内获得最佳秩序，对实际的或潜在的问题制定共同的和重复使用的规则的活动，即制定、发布及实施标准的过程，称为标准化。课堂教学是教育教学中普遍使用的一种手段，它是教师给学生传授知识和技能的全过程，它主要包括教师讲解，学生问答，教学活动以及教学过程中使用的所有教具，也称"班级上课制"。而课堂教学标准就是以课堂教学为研究对象，评价课堂教学中教师与学生的活动的准则。

　　基于核心素养下的小学数学课堂教学标准是以核心素养为依据，以课堂为载体，从教师的教、学生的学、师生学习共同体的构建等方面展开研究，制定、形成可重复使用的科学的经验总结和规则标准。

一、关于核心素养的文献梳理

（一）核心素养的国内外研究现状

1997年12月，经合组织（OECD）启动了"素养的界定与遴选：理论和概念基础"项目，确定了三个维度九项素养：

（1）交互式使用工具，包括三种素养：交互式使用语言，符号和文本；交互式使用知识和信息；（新）技术的互动使用；

（2）不同种类群体之间的相互作用，包括三个素养：理解外部环境，预测自身行为的后果以及在多维环境中确定自己的具体行为；形成并执行个人计划或人生计划；了解自己的权利和义务，保护和维护自身利益，了解自己身上的缺点与局限；

（3）自主独立行动，包括三个素养：与他人的良好关系；团队合作；冲突管理和冲突解决。普遍认为该框架是界定的核心素养研究的开端，对于PISA测试具有直接影响，进而对许多国家和地区开发的核心素养框架产生了重要影响。

2006年12月，欧洲联盟已经采纳了核心素养提案，其中包括母语、外语、数学和科技素养、信息素养、学习能力、公民和社会素养、创新创业能力和艺术修养等八个领域，每个领域包括知识，技能和态度三个维度；这些核心素养是为了掌握欧盟教育培训体系的总体目标体系，其核心思想是让全体欧盟公民具有终身学习的能力，为了顺应全球化趋势发展方向，在以知识为主体的经济环境中实现个人成功和社会经济发展的理想。与其他国际组织相比，欧盟的核心素养法案提出时间虽然较晚，但体系却非常完整。为欧盟在知识经济中的全球竞争力提供了保障。

2013年2月，联合国教科文组织（UNESCO）发布报告《走向终身学习——每位儿童应该学什么》。该报告以人文主义为基础，提出了核心素养，即从"工具性目标"向"人性目标"转变，使人通过学习，情感、智力、身体和心理方面的潜力和质量得到发展；特别是在基础教育阶段特别重视以下七个维度的核心素养：身体健康、社交情绪、文化与艺术、语言交流、学习方法与认知、数字与数学、科学与技术；该项目构建了基础教育阶段学生应该达成的学习目标体系，对我国的基础教育发展有重要的启发意义。

2013年初，辛涛教授等人在《我国义务教育阶段学生核心素养模型的构建》中关于核心素养究竟是什么和我国核心素养模型的构建进行了较早的探索。根据教育质量标准的要求，教育目标的演变以及国际教育实践的发展趋势等三个角度进行论述，提出了核心素养的选择要注意一致、发展和具有时代意义三大特点；核心素养的建立需要广泛收集利益相关者的建议，需要解决核心素养培养与教育改革之间的差距，核心素养测评体系的完善以及服务教育评估领域的四点建议大力推进我国核心素养体系构建的脚步。

2013年5月16日，在教育部大力支持下，北京师范大学林崇德教授带队组织的"我国基础教育和高等教育阶段学生核心素养总体框架研究"重大项目全面开启，揭开了我国核心素养研究的新篇章。此项目的启动致使众多学者的研究重心从国外研究转向国内体系构建，可以说影响深远。2016年核心素养研究组发表了《中国学生发展核心素养》，为核心素养的培养建立了可以遵循的评价标准。

2014年3月30日，教育部正式印发了《关于全面深化课程改革落实立德树人根本任务的意见》提出"研究制订学生发展核心素养体系和学业质量标准"，这是国家层面的又一大革新。核心素养研究上升至国家层面，为核心素养研究的发展奠定了坚实的政治基础。"核心素养"研究的发展愈加迅速，对于核心素养内涵的讨论也逐渐增多。自此以后，正式开启了核心素养研究的大潮，张华在《论核心素养的内涵》通过对比与整合，总结出世界共同核心素养，并据此与我国的实际相结合，对核心素养的内涵进行界定，许多后续理论由此发展，影响深远。与此同时，钟启泉教授对核心素养的研究也具有深刻意义，他的《核心素养的"核心"在哪里》《基于核心素养的课程发展：挑战与课题》《"核心素养"赋予基础教育以新时代的内涵》《"核心素养"的习得养成》《"核心素养"的国际潮流》等论文中对核心素养以多角度的解读，丰富和发展了核心素养的研究。然而核心素养的培养并不是一朝一夕，也绝不是纸上谈兵，必须依托于学科教学。因此培养的前提就是确立各学科核心素养。学科的核心素养是学生发展整体核心素养的具体化，主体教育价值的集中体现和学生学习后的期望成就。数学是一门基础学科，是我们生活、劳动和学习中必不可少的工具，所以数学核心素养的体系的建构至关重要。

（二）数学核心素养的国内外研究现状

对于数学素养的界定，国际学生评价项目（Programme for International Student Assessment，PISA）较为全面与综合，兼顾了数学内容的掌握和应用数学的过程。PISA（2012）认为：在个人情况下形成数学，使用和解释数学能力，使用数学概念、事实和工具来解释过程和预测并且进行描述的素养叫数学素养。它可以帮助认识数学各个方面的作用，做一个创新、积极、会反思的公民并且做出明晰的判断与决策，"具体包括数学交流、数学表达、象征使用、数学思考和推理、证明结论、数学建模、提出和解决问题、使用辅助工具和技术"，PISA对数学素养的定义更多的是从数学本身的角度，虽然它也反映在处理社会生活的过程中的内涵上，要生活在一种情境中，但在构建时缺乏共同的核心质量目标，缺乏情感、态度和价值观等发展核心素养所必需的基本内涵。因此国内诸位学者开始试图建构数学核心素养体系。

《义务教育数学课程标准（2011年版）》以下简称为《课标（2011年版）》首次提出发展学生"数学素养"。"数学素养是现代社会每个公民的基本成就，数学教育不仅使学生掌握现代生活和学习所需的数学知识和技能，而且将学生的思维水平和创新能力的发展作为主要任务之一"，由此得出数学是人类文明不可或缺的成分，并推进发展学生数学素养，课标（2011年版）有若干新变化：提出数感、符号意识、空间观念、几何直观、数据分析观念、运算能力、推理能力、模型思想、应用意识和创新意识十个核心概念，由数学"双基"发展到数学"四基"，提出问题解决的"四能"，从实质上看，它们都是数学核心素养的培养目标的集中体现。

曹培英基于课标（2011年版）的十大核心词，对数学核心素养体系的构建进行探索，认为推理能力、模式思维和抽象三方面的核心素养是第一层次。二维空间概念（几何直觉）、运算能力（数感）和数据分析概念三大核心素养归属于第一层次下，而且它们的关系复杂，呈网状结构，并不是一一对应。同时增加了数学抽象。可以说，高中课程中提到的六个核心数学素养是将九个数学核心词进行合并归纳、分析通达从而产生的结论。

马云鹏认为数学素养指的是在参加数学活动后积累并提高的能力，这种能力指向未来生活，使掌握这种能力的人能够理解数学的意义与能力，理解数学与其他内、外部事物的联系，培养通过数学进行判断的技能，并且在未来生活中能够思考世界、关心生活。他在《小学数学核心素养的内涵与价值》提出数学核心素养理解为学生在数学活动中以数学本质为核心的，不断汲取的、发展完善的综合性能力。

孔凡哲、史宁中教授在基于小学和初中的总体特点和高中特点，确定了"中国学生数学发展核心素养"的概念与内涵，并提出中国学生数学发展的三大核心能力：一是学生经历数学化活动而习得的数学思维方式；二是学生数学发展所必需的关键能力；三是学生经历数学化活动而形成的良好的数学品格及健全人格养成；其中，关键能力包括数学抽象能力、数学推理能力、数学建模能力、直观想象能力、运算能力、数据分析观念。

2015年11月，教育部基础教育课程教材发展中心副主任刘月霞在第五届基础教育改革与发展论坛关于数学核心素养的内涵做了报告，分析了数学学科素养的构成：数学抽象、直观想象、逻辑推理、数学建模、数学运算、数据分析，并做了具体说明。报告内容与《普通高中数学课程标准（修订稿）》中关于数学核心素养的解释基本一致的。

不难看出，上述数学核心素养模型并无较大区别，皆建立于史宁中教授在数学基本思想（抽象、推理、模型）中构建的基本维度，其中数学基本思想（抽象、推理、模型）是第一梯层的数学核心素养，数学的基本能力（运算能力、直观想象能力、数据分析能力）为第二梯层。刚刚修订的《普通高中数学课程标准（2017版）》提出高中数学课程以学生发展为基础，贯彻立德树人的根本任务，培养科学精神和创新意识，提高数学学科的核心素养，为所有学生开设高中数学课程，认识到每个人可以得到良好的数学教育，不同的人在数学上得到不同的发展。同时，孔凡哲教授对数学核心素养的评价体系进行初步的探索，马云鹏、李星云教授在他们的论文中试图探讨出数学核心素养的特征，对接下来数学核心素养的研究以及如何在数学核心素养中体现核心素养的具体要求都起到了重要作用。

（三）我国基于核心素养的研究现状分析

从核心素养和数学核心素养的国内外研究现状中不难看出，我国关于核心素养的研究如星火燎原迅猛发展。从2013年辛涛教授等人在《我国义务教育阶段学生核心素养模型的构建》中试图构建我国核心素养模型为起步，2013年知网以核心素养为题的学术论文64篇，2014年145篇，到了2015年538篇，到

2016年为4503篇，2017年迅速增加到15192篇学术论文，2018年已经高达17820篇，2019年截至目前就已经发表3025篇。从这些数据的增长趋势得知，以2017年为界我国对核心素养的研究正式进入快速发展阶段，并且收获了一系列相关研究成果，为助力我国教育发展做出了不可忽略的突出贡献。并且在2016年10月10日，经过核心素养课题组各位专家学者的努力，发表《中国学生发展核心素养》，建立了让我们基层实践教育者可以遵循的核心素养模型，同时我国核心素养研究进入新的阶段。可是从各位专家学者的研究及研究成果中也可以看出，毕竟我国核心素养研究时间还是较短，仍然处于初级阶段。"教育要培养什么样的人"这一理论层面仍然是核心素养的研究重点，"通过核心素养怎样培养人"这一实践层面的研究还是较少。我们知道实践是检验真理的唯一标准，只有通过具体实践、然后反思评价，才能更深刻了解核心素养的内涵，同时我们必须根据我国小学生的心理发展水平不断丰富和完善我国核心素养的内涵，最终形成具有中国特色的核心素养体系建构模型。因为核心素养的构建旨在培养全面发展的人，但这一主旨必须在各个学科的实践中落实，而怎样落实、怎样发展各学科核心素养以推动核心素养的整体发展，是一个需要细化需要反复探索反复验证的研究过程。

从我们统计的知网相关数据中显示，数学核心素养在2015年才开始系统发展，以马云鹏教授发表的《关于数学核心素养的几个问题》为核心，共发表学术论文17篇，2016年222篇，2017年790篇，2018年1362篇，2019截至目前共发表1070篇。从这些由远而近的数据我们能看出，虽然数学核心素养相关学术论文的数量呈高速增长趋势迅猛，但与核心素养相比，其所占比重依然达不到总量的 $\frac{1}{6}$ ，因此数学作为小学教学的重点学科，可它的学科核心素养发展还是较为缓慢。同时在数学核心素养落实下的课堂教学究竟会出现哪些问题，又是怎样解决这些问题尚未构成体系。脱离了实践的理论往往会存在着各种不足，如概念模糊，指向性不强，操作性不强，指导性欠缺，不合乎国情实际……进而影响了数学学科核心素养在教学实践中的落实与发展，尤其阻碍了核心素养的实施与推广。所以我们需要在进一步的研究中，立足实践，探本求源，深入探索和挖掘基于核心素养下的小学数学教学课堂教学中存在的问题，以推进核心素养的落实与发展。

二、小学数学课堂教学文献梳理

　　小学数学的任务不是培养数学家，而应该为每个人的未来发展打下坚实的基础。数学作为工具所表现出来的抽象性、逻辑性和系统性不应当仅仅作为知识和理论被人们记忆，而应当作为一种素养被人们理解运用。课堂教学就是成就这一目标的最直接最有效的途径，而对于课堂教学目标的研究势在必行。

（一）小学数学课堂教学现状分析

　　长期以来我国小学数学教育，在"双基教育"光环笼罩下，渐渐演变成一种典型的"烧中段"的数学教育。在课程内容上贪大求全，偏深偏难。缺乏趣味性和可读性，不完全符合学生的认知规律。在教学方法上，以"统、独、死、费"为特征的数学课堂教学，忽视创新性和多样性，使学生只知道死记硬背现成的结论，只对结果、目标感兴趣，而对探求真理的过程本身缺乏热情。从知识形态上更多是结论性的知识，忽视数学知识的内在规律性。这种传统"高效率"的教学忽视了知识之间的联系，忽视了学生的个人体验，甚至"剥夺"了他们"犯错误的权利"，学习过程本身所含的策略知识、隐性知识、元认知的发展更无从谈起，以至于"火热的生活变成了冰冷的美丽"。教师对于知识点和效率的过分关注，使学生往往没有机会学到解决问题的方法。由此，数学思维的重要性尽管人尽皆知，但实施上仅限于纸上谈兵。现今数学课堂教学有两大误区，思想误区：数学思想方法教学要针对数学尖子生。行动误区：有学者认为，数学教学变成了单纯的"解题教学"，教学活动成了对"显性知识"的重复识记、再现和简单应用；"数学教学中的问题症结在日常的数学教学中，有些教师将教学仅仅停留在知识点的罗列上，缺乏方法的指导，因而使教学滞于识记的层面。教师靠机械重复来加深学生的印象，学生则靠死记硬背学数学，结果学得既苦又累，成绩也差。"

　　孙朝仁、臧雷对1966年至2001年数学期刊上所刊载的160余篇直接谈数学思想方法的文章，对中学数学思想方法的研究作了较系统的综述。包括数学思想方法概念的界定、数学思想方法的分类以及在教材中的呈现方式、数学思想方法的基本特征及其目标设置、数学思想方法教学的原则和教学基本途径、数学思想方法课堂教学模式等。王义全在《学习方式转变的理性反思》中曾经形象地描述了在数学教学的过程中，存在把方法绝对化、形式化的问题：有活动而无体验、有问题而无对话，表面上都是热热闹闹的，学生也提出各自的观点和见解，但什么问题都是"仁者见仁，智者见智"，却缺乏教师的指导和判断。因此，加强数学课堂教学研究，还有许多工作。张奠宙先生指出："数学思想方法是自然而平和的，我们不能把活生生的数学思考变成一堆符号让学生去死记，以至让美丽的数学淹没在形式化的海洋里。"

中科院院士、数学家姜伯驹在1997年以来的多次讲话中，反复强调应该在教材和教学中注入数学思想方法。2004年罗增儒在《数学思想方法的教学》以及陈立群2006年提出：一要转变教师的教学观念；二要把数学思想方法的教学列为教学的一项目标；三要努力提高教师自身的水平和数学素养；四要大力开展数学思想方法课堂教学实验，探索实施数学思想方法教学的基本规律。

近几年来，探索小学数学课堂教学文献层出不穷，2012年3月杨洁慈在《小学数学课堂教学高效性的实验研究》中提出了高效课堂教学的核心就是学生自学能力的培养，是学生主体作用的具体体现，转变学生角色，使学生成为课堂的主人。

2017年7月乔轶婷在《小学数学课堂五环节——高效教学模式研究》中指出，让小学生不断地加强自身的独立思考机会，培养学生的独立思考能力，让小学生不断地进行自主的学习和领悟，才能更好地运用数学思想方法进行探究和学习，小学数学中也存在一些问题，这些问题表现在重视教师的高效率讲授，忽视学生的自我探索过程，重视数学知识的传授和数学计算技巧的训练，忽视学科思想方法探讨。这样导致以前的小学数学在教学中记住了数学知识，不懂得数学知识的内在联系。练习记住了解题方法的技巧性，缺乏对方法使用思想的理解。

2019年6月，张颖在《小学数学问题解决教学的行动研究》中指出"问题解决教学"的目标重点是教师能够带领学生经历解决问题的一系列过程，从而提高学生的问题解决能力，并提高学生的团结和创造精神，传统双基教学的教学目标倾向于孩子们对书中的教学内容掌握的熟练度。她对比两种教学模式发现：问题解决教学模式与传统双基教学之间存在共通的地方，在教育教学过程中，教师如果能根据不同的教学内容，将两种模式巧妙地构建在一起，那么会让教学达到一个新高度。

从以上文献可以看出：近几年来在课堂教学的研究上大多数都聚焦课堂教

学的一个点，缺乏系统的聚焦不同课型的课堂教学标准的研究。我们把构建教学模式与教学理论融合，教学模式具有程序性和操作性，教学模式构建中会综合考虑各种教学因素，在教学理论的指导下，把这些思想和具体的教学过程结合，这样可以让理论转化为教学行为和过程，这样便于老师把握和应用。

（二）国内外对数学课堂教学方法的相关研究

国内外对数学课堂教学方法的相关研究在一定的程度上相互补充，共性中有差异，分歧中求平衡，为进一步研究小学数学思想方法教学提供了比较全面的轮廓。追溯历史，1977—1988年是我国小学数学教育的恢复、调整、发展时期，1978年的小学数学教学大纲，奠定了后来二十多年的小学数学教学改革的一个基调。

大纲中规定小学数学教学目的之一"初步了解现代数学中某些最简单的思想，具有初步的逻辑思维能力和空间观念，并能够运用所学的知识解决日常生活和生产中的简单的实际问题。"而且数学界也开始有学者致力于数学思想方法的研究。徐利治教授倡导"数学方法论"研究，出版了《数学方法论选讲》（1983年）专著；同时，姜伯驹院士、李大潜院士、张景中院士等的大力倡导，加之"中小学数学解题"的社会需求，数学课堂教学方法的研究在数学教育界得到迅速普及，著作和论文迭出，近年来一大批数学硕士、博士论文对数学课堂教学方法进行了探究。对数学课堂教学的感悟和经验的积累，都是非常隐性的东西，不是单靠老师的教就能够得到的。思想和活动经验都需要学生在积极参与教学活动的过程中，通过独立思考、合作交流，逐步感悟，需要在"做"的过程和"思考"的过程中积淀。《标准（2011年版）》中明确刻画了数学课堂教学方法，即："数学思想蕴含在数学知识形成、发展和应用的过程中；它制约着学科发展的主线和逻辑架构；是数学知识和方法在更高层次上的抽象与概括。如归纳、演绎、抽象、转化、分类、模型、结构、数形结合、随机等"。对于小学数学课堂教学的研究，开始引起数学教育者的关注。查阅相关文献，我们发现大量的文章出自小学教师之手，而且经验心得型居多，当然也有以学校牵头承担课题研究的。小学教师一致认为在小学数学教学中渗透数学思想方法有利于深刻地理解数学的内容和知识体系，有利于提高学生的数学素养，有利于教师以较高的观点分析处理小学教材。

邵陈标（2009）从人教版小学数学课本12册中的《数学广角》单元入手，

认为"人教版教材不但把数学思想渗透在数与代数、量与计量等每一个知识板块中，更以新增设的单元———'数学广角'为呈现形式，系统而有步骤地向学生渗透数学思想方法，尝试把重要的数学教学方法通过学生可以理解的简单形式，采用生动有趣的事例呈现出来。"并且一一分析了其中蕴含的数学课堂教学的思想和方法，为小学数学教学的具体实施提供了参考。

总而言之，小学数学教学中，许多教师还处于无意无序地渗透一些数学课堂教学的思想和方法，对如何在教学中有意有序地进行渗透，目前仍缺乏全面深入的探讨与实践。因此核心素养引领课堂教学追求最高价值，探索并建构教学模式，同时在实践中探索，在变革中进步，让核心素养在课堂上找到落脚的地方。因此核心素养导向下的课堂教学标准应当是：真正确立课堂教学育人的核心理念：以课程整合为背景，以学会学习为中心，以学习活动设计为基本策略，以现代技术为支撑，引导学生在真实、丰富、优化的情境中探究体验。

《数学课程标准》的颁布使我们中小学教师的课堂教学有章可循。如何把课程标准与教材、学生有机地结合起来，使《数学课程标准》的精髓融入教师的课堂教学中，是我们一贯追求的目标。怎样依据《数学课程标准》、结合现行版本教材制定一套行之有效的小学数学教学标准来指导我们数学课堂教学具有十分重要的现实意义。目前，国内外关于小学数学教学的各种研究如雨后春笋般在各地开展，使得小学数学教学改革不断深入，各种成果异彩纷呈，为我们小学数学教师的教学提供了海量的资源和多样的方法，但多数只限于数学教学方法、数学教学评价、数学生活化、数学高效课堂、提高学生学习兴趣、激发学生潜能、数学与信息技术结合、对比国内外数学教育现状等单一或简单几个方面领域的研究，对于基于核心素养下的小学数学课堂教学标准的研究尚未涉足，目前仅有广东省中山市教研室对小学数学教学标准进行了一定探索，并出版发行了《中山市小学数学教学要义》。通过数学标准建设明确表示要求、规范结构体系、加强过程指导，让每个教师都知道目标是什么、教学的脉络如何、学生应经历怎样的数学认知过程、教师应为学生提供怎样的帮助，深化了课程改革、促进了中山市小学数学教师专业发展和教学质量提升。

第三节　现状分析

　　为做好山东省基础教育改革项目《基于核心素养下的小学数学课堂教学标准建设研究》，进一步加强和改进我县小学数学教育提供科学依据，项目组制定关于我县小学数学教师的核心素养教育现状调查问卷及关于我县小学生数学核心素养和课堂教学现状的调查问卷。调查的目的在于充分了解我县小学数学教师和小学生关于数学核心素养的掌握和课堂教学现状的一些基本情况，从而帮助教师更好地教数学和学生更好地学数学。本次调查要求全县数学教师和小学生全部参加（低年级学生可在老师及家长协助下完成问卷）。数学教师需要完成小学数学教师核心素养调查问卷，一二年级学生需要完成小学生数学核心素养调查问卷（低年级），三至六年级学生需要完成小学生数学核心素养调查问卷（中高年级）。

《小学生数学核心素养和课堂教学现状调查问卷》
（教师版）

尊敬的老师：您好！

　　感谢您参与本次问卷调查。此问卷是平原县教育和体育局为做好省项目了解和研究我县小学数学教师核心素养教育现状，并为进一步加强和改进我县小学数学教育提供政策依据，请您根据实际情况认真完成全部题目。衷心感谢您的支持和配合！

　　1.您的性别

　　A.男　　　　　　　　　　　　B.女

2. 您的年龄是

A. 30岁以下   B. 31–40岁

C. 41–50岁   D. 51岁以上

3. 您所在的学校属于

A. 城区   B. 乡镇

4. 您的最高学历

A. 中师   B. 大专

C. 本科   D. 研究生（含教育硕士）

5. 您从事数学教育工作年限

A. 1–5年   B. 6–10年

C. 10年以上

6. 您的职称

A. 低于二级教师   B. 二级教师

C. 一级教师   D. 高级教师

7. 你对小学数学核心素养了解吗？

A. 非常了解   B. 了解

C. 了解很少   D. 不了解

8. 你在平时的教学中注重哪些数学核心素养的渗透？（多选）

A. 数感   B. 符号意识

C. 空间观念   D. 几何直观

E. 数据分析观念   F. 运算能力

G. 推理能力   H. 应用意识

I. 创新意识   J. 模型思想

9. 你认为哪一方面的数学素养亟待加强？（多选）

A. 数感   B. 符号意识

C. 空间观念   D. 几何直观

E. 数据分析观念   F. 运算能力

G. 推理能力   H. 应用意识

I. 创新意识   J. 模型思想

10. 你有专门针对学生的核心素养评价标准和体系吗?

A. 有   B. 很少有

C. 一点都没有

11. 你认为有必要建立专门的学生核心素养标准及评价体系吗?

A. 很有必要   B. 有必要

C. 必要性不是太大   D. 一点必要都没有

12. 你认为课堂教学对学生发展核心素养的影响程度有多大?

A. 非常大   B. 很大

C. 比较小   D. 非常小

13. 你每一节课都注重数学核心素养的渗透吗?

A. 每节课都有   B. 有,但不是每一节都有

C. 偶尔有   D. 平时没有注意

14. 在实际教学中,引导学生初步建立数与形的联系,把握不同事物的关联。

A. 从不   B. 很少

C. 有时   D. 经常

E. 总是

15. 在实际教学中,培养学生从图形与图形的关系抽象出数学概念的能力。

A. 从不   B. 很少

C. 有时   D. 经常

E. 总是

16. 在实际教学中,培养学生从已有的事实出发,凭借经验和直觉,通过类比推断某些结论的能力。

A. 从不   B. 很少

C. 有时   D. 经常

E. 总是

17. 在实际教学中,引导学生在实际情境中,发现和提出问题,用数学符号经历数学模型建构。

A. 从不   B. 很少

C. 有时   D. 经常

E. 总是

18. 在实际教学中，引导学生感受、发现与创造数学的美。

A. 从不   B. 很少

C. 有时   D. 经常

E. 总是

19. 在实际教学中，引导学生养成乐于思考、勇于质疑、言必有据的习惯。

A. 从不   B. 很少

C. 有时   D. 经常

E. 总是

20. 在实际教学中，引导学生使用符号进行运算和推理，得到有一般性的结论。

A. 从不   B. 很少

C. 有时   D. 经常

E. 总是

21. 在数学课堂教学中，您是否注意积极改善教学方法，重视学生的感受和体验？

A. 从不   B. 很少

C. 有时   D. 经常

E. 总是

22. 在数学课堂教学中，您是否注意挖掘潜在的数学思想方法，将其渗透于教学内容之中？

A. 非常注意   B. 较为注意

C. 不太注意

23. 您是否参加过如何提高学生数学核心素养的活动或者讲座？

A. 没有参加过   B. 偶尔参加过

C. 经常参加

24. 你认为课堂教学从哪些方面能提高学生的核心素养？（多选）

A. 教学价值观   B. 师生交流往互动

C. 教学的开放性   D. 教学的有效性

E. 学生的参与性   F. 学生的主动性

G. 知识的形成过程   H. 有针对性的训练

《小学生数学核心素养和课堂教学现状调查问卷》 分析报告（教师版）

一、调查背景

2019年3月，平原县教育和体育局申报了山东省基础教育教学改革项目《基于核心素养下的小学数学课堂教学标准建设研究》，并成功立项。为保障项目的顺利开展，为项目提供大量、真实、客观的数据作为研究的依据，使项目科学有序地推进，项目组经过多次研讨、论证后，决定在全县范围内开展小学生数学核心素养和课堂教学现状调查问卷的活动。

二、调查目的

了解全县范围内小学数学教师数学核心素养的状况，小学数学课堂教学的现状，为《基于核心素养下的小学数学课堂教学标准建设研究》项目的开展提供有效的数据作为支撑，保证项目开展研究的科学性、客观性、真实性，从而使研究成果能把核心素养真正落实到课堂中去，扎扎实实地指导教学实践，促进小学数学高效课堂的生成。

三、调查方法

采用封闭式和开放式问卷相结合的方法，以问卷星的形式进行网上问卷。

四、调查对象

全县所有义务教育小学的数学教师，共1273人。

五、调查过程

2019年8月，项目组自编《小学生数学核心素养和课堂教学现状调查问卷》，采用封闭式和开放式问卷相结合的方法，在2019年9月开学初，用"问卷星"的形式在全县范围内开展了以所有数学教师为调查对象的小学生数学核心素养和课堂教学现状调查问卷。2019年10月形成了系统的调查报告，不仅为进一步加强和改进我县小学数学课堂教学提供理论依据，而且为项目的顺利开展做了充分的准备。

六、基本数据汇总

全县有1273名数学教师参与了问卷调查，人员分布、性别比例、年龄分布、学历情况、职称情况、工作年限数据统计如下：

1. 人员分布

县直学校和乡镇为单位参与人数分布如下（图1-8）：

单位	参与人数	占比	单位	参与人数	占比
A.第一实验小学	67	5.26%	K.坊子	72	5.66%
B.第二实验小学	21	1.65%	L.三唐	19	1.49%
C.龙门小学	154	12.10%	M.王大卦	69	5.42%
D.文昌小学	47	3.69%	N.恩城	130	10.21%
E.继愈小学	44	3.46%	O.王呆铺	33	2.59%
F.龙门办	59	4.63%	P.王庙	55	4.32%
G.开发区	47	3.69%	Q.张华	47	3.69%
H.桃园	69	5.42%	R.腰站	42	3.30%
I.前曹	77	6.05%	S.江山	46	3.61%
J.王凤楼	159	12.49%	T.蓝天	16	1.26%

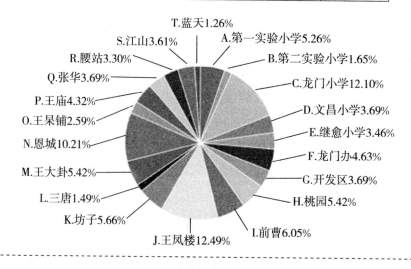

图1-8

2. 性别比例

性别	人数	占比
A.男	406	31.89%
B.女	867	68.11%

3. 年龄分布

年龄	人数	占比
A.30岁以下	326	25.61%
B.31–40岁	508	39.91%
C.41–50岁	313	24.59%
D.51岁以上	126	9.90%

4. 学历情况

学历	人数	占比
A.中师	330	25.92%
B.大专	377	29.62%
C.本科	537	42.18%
D.研究生（含教育硕士）	29	2.28%

5. 职称情况

职称	人数	占比
A.低于二级教师	314	24.67%
B.二级教师	378	29.69%
C.一级教师	420	32.99%
D.高级教师	161	12.65%

6. 工作年限

工作年限	人数	占比
A.1—5年	539	42.34%
B.6—10年	287	22.55%
C.10年以上	447	35.11%

七、数据分析

（一）整体分析

　　根据对全县1273名教师的问卷调查数据分析，县直学校有392人参与问卷，占30.79%；乡镇有881人参与问卷，占69.21%。从事小学数学教育的教师按性别来看分别是男教师406人，占31.89%；女教师867人，占68.11%。

由此来看，在我县从事小学数学教学的教师乡镇人数多，县直人数少；男教师少，女教师多；中青年教师占绝大多数，老教师少；本科及以上学历能占到近一半；一级教师最多，高级教师相对较少；从教10年以上的占到三分之一，新入职教师占到近一半。这说明我们的小学数学教师队伍有年轻化趋势，学历较高，女教师偏多，乡镇教队伍潜力很大，对我们项目的开展能提供有力支持，同时也能看到我们开展此项目研究的可行性和必要性。

（二）具体分析

（1）通过数据分析（图1-9），我们发现有56.4%的教师对小学数学核心素养有所了解，21.05%的教师非常了解小学数学核心素养，说明我县小学数学教师对小学数学核心素养知识的关注程度还是相当不错、整体关注比例相当高，但缺乏系统和深入的理解。

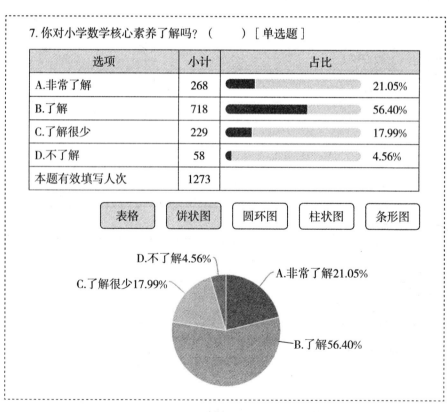

图1-9

（2）通过对小学数学核心素养中数感、符号意识、空间观念、几何直观、数据分析、运算能力、推理能力、应用意识、创新意识和模型思想这十大核心词需要加强认知的调查（图1-10），我们发现数学教师普遍对创新意识和推理能力这两个核心词的认知加强要求最高，需要引起我们研究人员的重视。

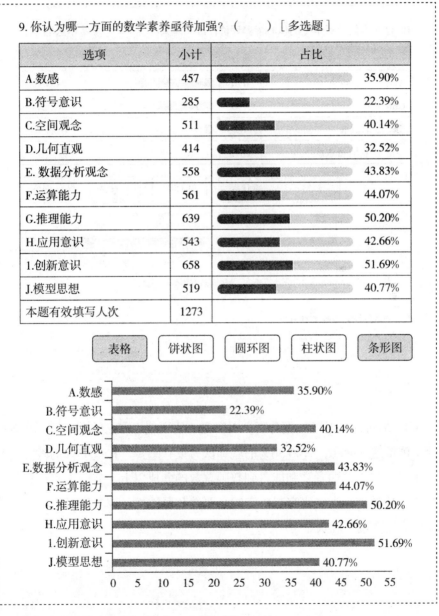

9.你认为哪一方面的数学素养亟待加强？（　　　）[多选题]

选项	小计	占比	
A.数感	457		35.90%
B.符号意识	285		22.39%
C.空间观念	511		40.14%
D.几何直观	414		32.52%
E. 数据分析观念	558		43.83%
F.运算能力	561		44.07%
G.推理能力	639		50.20%
H.应用意识	543		42.66%
1.创新意识	658		51.69%
J.模型思想	519		40.77%
本题有效填写人次	1273		

表格　饼状图　圆环图　柱状图　条形图

图1-10

（3）通过调查发现，有54.67%的教师能对学生有专门的核心素养评价标准和体系，有38.33%的教师对学生在一定程度上能够对学生有专门的核心素养评价标准和体系（图1-11），两者能占到所有数学教师的九成以上，我县的整体状况还是相当不错的。

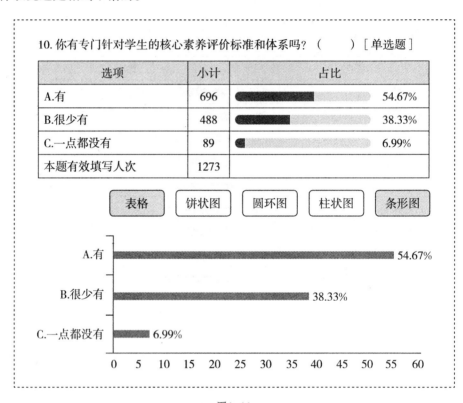

图1-11

（4）通过对问卷的数据分析，对于是否需要建立专门的学生核心素养标准及评价体系这一问题，有43.36%的教师认为很有必要，有47.45%的教师认为有必要（图1-12），两者之和能占到教师总数的九成以上，充分说明在我县系统开展小学数学核心素养研究与落实的必要性和紧迫性，改革项目的实施与推进将能极大改变这一现状。

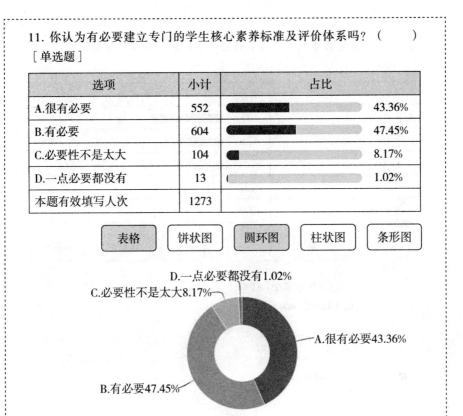

11. 你认为有必要建立专门的学生核心素养标准及评价体系吗？（　　　）
[单选题]

选项	小计	占比	
A.很有必要	552		43.36%
B.有必要	604		47.45%
C.必要性不是太大	104		8.17%
D.一点必要都没有	13		1.02%
本题有效填写人次	1273		

[表格]　[饼状图]　[圆环图]　[柱状图]　[条形图]

图1-12

（5）通过对问卷的数据分析，对于课堂教学对学生发展核心素养的影响这一问题，有50.51%的教师认为非常大，有42.03%的教师认为很大，两者能占到教师总数的92.54%（图1-13），充分说明在我县的数学教师对于核心素养与课堂教学的密切关系认识相当深刻，又能看到目前课堂教学对学生发展核心素养的影响之大，我们的教师队伍在这方面有已经有了足够认识，改革项目的实施与推进定能使这一问题得到很好解决。

12. 你认为课堂教学对学生发展核心素养的影响程度有多大？（   ）
[单选题]

选项	小计	占比	
A.非常大	643		50.51%
B.很大	535		42.03%
C.比较小	72		5.66%
D.非常小	23		1.81%
本题有效填写人次	1273		

表格   饼状图   圆环图   柱状图   条形图

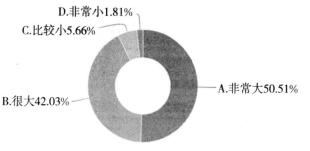

图1-13

（6）通过对问卷的数据分析，对于是否每一节课都注重数学核心素养的渗透这一问题，有42.03%的教师认为每节课都应该有，有49.33%的教师认为可以有但不一定每节课都有，两者之和能占到教师总数的91.36%（图1-14），这一数据说明我县数学教师对于在小学数学课堂教学中渗透数学核心素养的意识很高，又能看到目前落实学生核心素养对于小学数学课堂教学的影响之大，但是真正落实到课堂教学还需要教师理论和实践的研究。

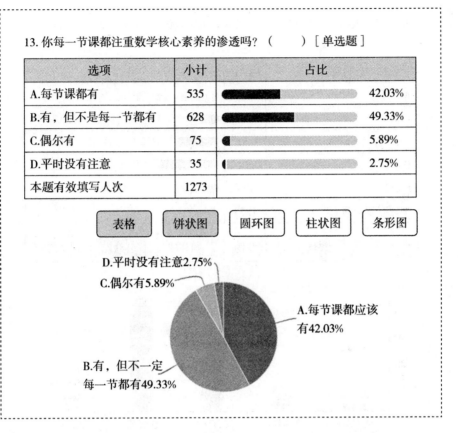

13. 你每一节课都注重数学核心素养的渗透吗？（　　　）［单选题］

选项	小计	占比	
A.每节课都有	535		42.03%
B.有，但不是每一节都有	628		49.33%
C.偶尔有	75		5.89%
D.平时没有注意	35		2.75%
本题有效填写人次	1273		

表格　　饼状图　　圆环图　　柱状图　　条形图

D.平时没有注意2.75%
C.偶尔有5.89%
A.每节课都应该有42.03%
B.有，但不一定每一节都有49.33%

图1-14

（7）对于在实际教学中教师能否引导学生初步建立数与形的联系并把握不同事物的关联这一问题，通过对问卷的数据分析，有10.45％的教师总是能引导学生初步建立数与形的联系并把握不同事物的关联，有47.21％的教师经常做到，有28.12％的教师有时能做到，很少和从不能做到的分别占10.76％和3.46％（图1-15），这说明作为六大核心素养之一的逻辑推理中数形结合思想在数学课堂教学中的作用十分重要，我们的数学教师能在课堂教学中给予足够的重视，对学生逻辑推理能力的培养帮助十分巨大，85.78％的数学教师能基本做到这一点，但作为一种养成习惯而言还有所差距。

14. 在实际教学中，引导学生初步建立数与形的联系，把握不同事物的关联。
（　　）［单选题］

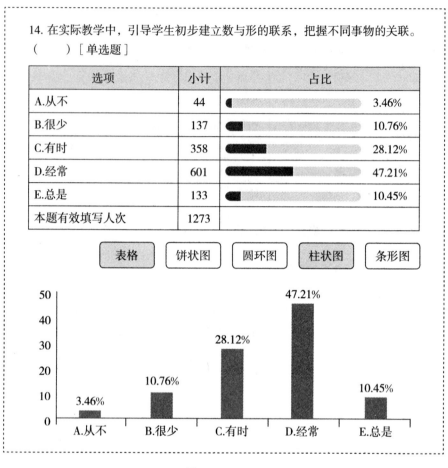

选项	小计	占比
A.从不	44	3.46%
B.很少	137	10.76%
C.有时	358	28.12%
D.经常	601	47.21%
E.总是	133	10.45%
本题有效填写人次	1273	

图1-15

（8）对于在实际教学中教师能否培养学生从图形与图形的关系中抽象出数学概念的能力这一问题，通过对问卷的数据分析，有10.05％的教师总是能培养学生从图形与图形的关系中抽象出数学概念，有46.66％的教师经常做到，有31.42％的教师有时能做到，很少和从不能做到的分别占9.11％和2.75％（图1-16），这说明作为逻辑推理的类比、归纳、转化和演绎思想在数学课堂教学中已经引起了教师的重视，对培养学生的逻辑推理能力帮助十分巨大，我们的数学教师能基本做到这一点，但上升为一种习惯养成还不够。

15. 在实际教学中，培养学生从图形与图形的关系抽象出数学概念的能力。
（　　）[单选题]

选项	小计	占比	
A.从不	35	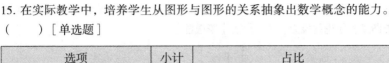	2.75%
B.很少	116		9.11%
C.有时	400		31.42%
D.经常	594		46.66%
E.总是	128		10.05%
本题有效填写人次	1273		

表格　　饼状图　　圆环图　　柱状图　　条形图

图1-16

（9）对于在实际教学中教师能否培养学生从已有的事实出发凭借经验和直觉并通过类比推断某些结论的能力这一问题，通过对问卷的数据分析，有11.78%的教师总是能培养学生从已有的事实出发凭借经验和直觉并通过类比推断某些结论，有46.19%的教师经常做到，有30.64%的教师有时能做到，很少和从不能做到的分别占8.17%和3.30%（图1-17）。这说明作为逻辑推理的类比思想、归纳思想和演绎思想在数学课堂教学中的已经引起了教师的重视，对培养学生的逻辑推理能力有重要意义。

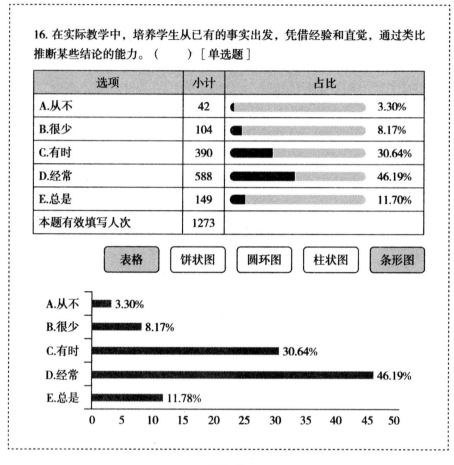

图1-17

（10）对于在实际教学中教师能否引导学生在实际情境中发现和提出问题并用数学符号经历数学模型建构这一问题，通过对问卷的数据分析，有11.78％的教师总是能引导学生在实际情境中发现和提出问题并用数学符号经历数学模型建构，有47.45％的教师经常做到，有30.40％的教师有时能做到，很少和从不能做到的分别占8.17％和2.20％（图1-18），这说明作为六大核心素养之一的数学建模在数学课堂教学中的地位十分重要，教师引导学生在实际情境中发现和提出问题并用数学符号经历数学模型建构过程促进学生数学素养的提升。

17. 在实际教学中，引导学生在实际情境中，发现和提出问题，用数学符号经历数学模型建构。（　　　）［单选题］

选项	小计	占比	
A.从不	28		2.20%
B.很少	104		8.17%
C.有时	387		30.40%
D.经常	604		47.45%
E.总是	150		11.78%
本题有效填写人次	1273		

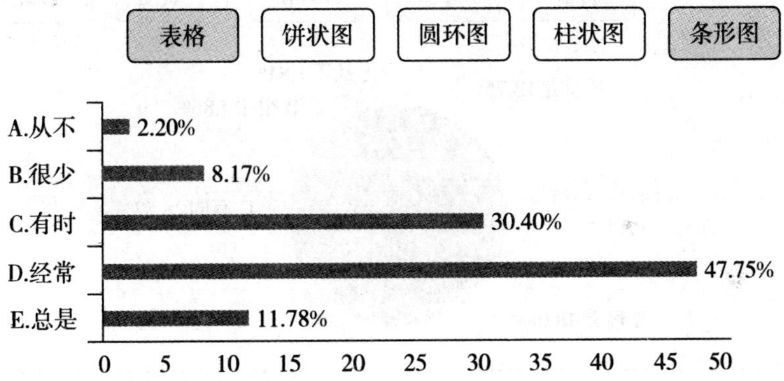

表格	饼状图	圆环图	柱状图	条形图

图1-18

（11）对于在实际教学中如何引导学生感受、发现与创造数学的美这一问题，通过对问卷的数据分析，有13.75％的教师总是能引导学生感受、发现与创造数学的美，有48.08％的教师经常做到，有28.52％的教师有时能做到，很少和从不能做到的分别仅占7.86％和1.81％（图1-19），这说明作为数学美的思想是对数学外在形式的美好感受和内在本质的理性欣赏这一认知是数学课堂教学中必不可少的环节，我们的教师基本能认识到其重要意义。

18. 在实际教学中，引导学生感受、发现与创造数学的美。（   ）［单选题］

选项	小计	占比
A.从不	23	1.81%
B.很少	100	7.86%
C.有时	363	28.52%
D.经常	612	48.08%
E.总是	175	13.75%
本题有效填写人次	1273	

表格　　饼状图　　圆环图　　柱状图　　条形图

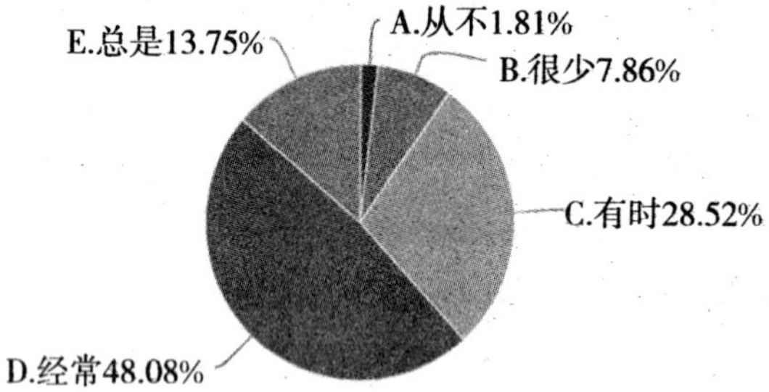

图1-19

（12）对于在实际教学中引导学生养成乐于思考、勇于质疑和言必有据的习惯程度这一问题，通过对问卷的数据分析，有17.67%的教师总是能引导学生养成乐于思考、勇于质疑和言必有据的习惯，有54.36%的教师能经常做到，有21.60%的教师有时能做到，很少和从不能做到的分别仅占4.71%和1.65%（图1-20），这说明作为学生发展核心素养中科学精神素养的勇于质疑要点和学会学习素养的乐于思考要点已经在我们的数学课堂教学中落地生根，让其苗壮成长还需要我们的教师付出更大的努力。

19. 在实际教学中，引导学生养成乐于思考、勇于质疑、言必有据的习惯。
（　　）［单选题］

选项	小计	占比	
A.从不	21		1.65%
B.很少	60		4.71%
C.有时	275		21.60%
D.经常	692		54.36%
E.总是	225		17.67%
本题有效填写人次	1273		

表格　　饼状图　　圆环图　　柱状图　　条形图

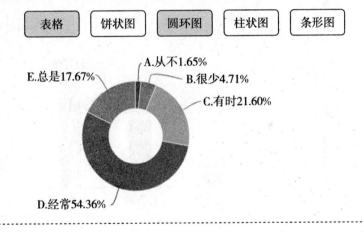

图1-20

（13）对于在实际教学中引导学生使用符号进行运算和推理并得到一般性的结论程度这一问题，通过对问卷的数据分析，有14.06%的教师总是能引导学生使用符号进行运算和推理并得到一般性的结论，有48.55%的教师经常做到，有28.44%的教师有时能做到，很少和从不能做到的分别仅占6.52%和2.44%（图1-21），这说明作为数学抽象的符号意识在数学课堂教学中的重要性非同一般，对数学运算和逻辑推理的学习和得到一般性结论的帮助十分巨大，我们的数学教师已有培养学生数学抽象的意识，但真正落实到课堂还需要引领和加强。

20. 在实际教学中，引导学生使用符号进行运算和推理，得到有一般性的结论。（　　）［单选题］

选项	小计	占比	
A.从不	31		2.44%
B.很少	83		6.52%
C.有时	362		28.44%
D.经常	618		48.55%
E.总是	179		14.06%
本题有效填写人次	1273		

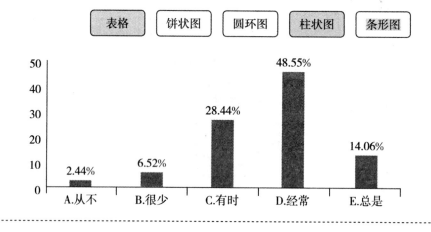

图1-21

（14）对于在数学课堂教学中教师是否注意积极改善教学方法并重视学生的感受和体验这一问题，通过对问卷的数据分析，有17.67％的教师能总是做到积极改善教学方法并重视学生的感受和体验，有54.36％的教师经常做到，有21.21％的教师有时能做到，很少和从不能做到的分别仅占4.71％和1.65％（图1-22），这说明对于在数学课堂教学中注意积极改善教学方法并重视学生的感受和体验的认识我们的教师九成以上能认识到，但形成教师必然习惯还有很长的路要走。

21. 在实际教学中，引导学生养成乐于思考、勇于质疑、言必有据的习惯。
（ ）［单选题］

选项	小计	占比	
A.从不	20		1.65%
B.很少	57		4.71%
C.有时	270		21.60%
D.经常	687		54.36%
E.总是	239		17.67%
本题有效填写人次	1273		

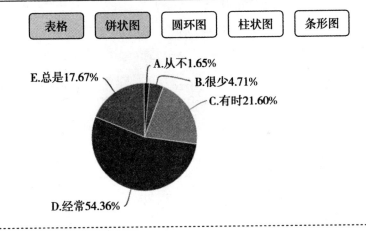

图1-22

（15）对于在数学课堂教学中教师是否注意挖掘潜在的数学思想方法并将其渗透于教学内容之中这一问题，通过对问卷的数据分析，有44.23%的教师非常注意，有50.75%的教师较为注意，仅有5.03%的教师不太注意（图1-23）。这充分说明在数学课堂教学中数学思想方法的渗透极为重要，同时也能看到我们教师在这方面也已经有了足够的认识。

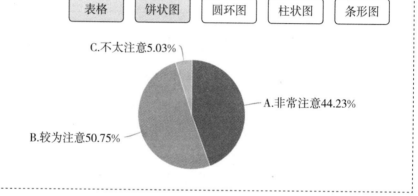

图1-23

（16）对于是否参加过如何提高学生数学核心素养的活动或者讲座这一问题，通过对问卷的数据分析，有28.99%的教师经常参加这样的活动或者讲座，有49.57%的教师偶尔参加过这样的活动或者讲座，有21.45%的教师没有参加这样的活动或者讲座（图1-24），这一数据说明我们的教师在数学核心素养的学习与培训方面尚有欠缺，需要教育主管部门加大对数学核心素养的方面的培训力度和频度，让教师能经常性地得到这方面的学习和培训，只有教师全面提高了对核心素养的掌握才能真正落实学生的核心素养。

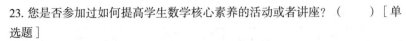

23. 您是否参加过如何提高学生数学核心素养的活动或者讲座？（　　　）［单选题］

选项	小计	占比	
A.没有参加过	275		21.45%
B.偶尔参加过	631		49.57%
C.经常参加	369		28.99%
本题有效填写人次	1273		

表格　　饼状图　　圆环图　　柱状图　　条形图

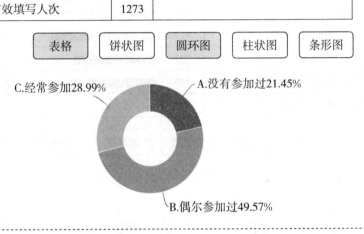

C.经常参加28.99%　　　A.没有参加过21.45%

B.偶尔参加过49.57%

图1-24

（17）对于课堂教学能从哪些方面提高学生的核心素养这一问题，问卷从教学价值观、师生交流互动、教学开放性、教学有效性、学生参与性、学生主动性、知识形成过程和有针对性的训练等八个方面进行了调查，通过对问卷的数据分析，其中师生交流互动、学生的参与性、学生的主动性三个方面关注度最高，分别是75.26%、71.33%、71.72%（图1-25），这组数据说明在我县的小学数学课堂教学中师生交流互动、学生的参与性、学生的主动性三个方面需要着重关注，又能看到目前落实学生在教学中的主体地位这一观念需要在我们数学教师队伍中尽快树立，重新按照课程标准和核心素养来定位新型师生关系，真正促进小学数学高效课堂的生成。

24. 你认为课堂教学从哪些方面能提高学生的核心素养?（　　　）〔多选题〕

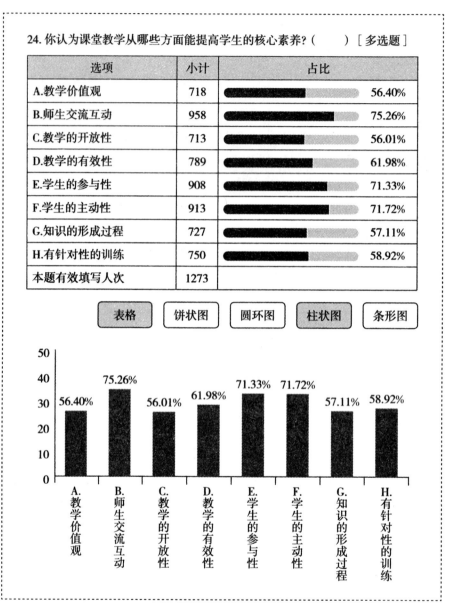

选项	小计	占比	
A.教学价值观	718		56.40%
B.师生交流互动	958		75.26%
C.教学的开放性	713		56.01%
D.教学的有效性	789		61.98%
E.学生的参与性	908		71.33%
F.学生的主动性	913		71.72%
G.知识的形成过程	727		57.11%
H.有针对性的训练	750		58.92%
本题有效填写人次	1273		

〔表格〕　〔饼状图〕　〔圆环图〕　〔柱状图〕　〔条形图〕

图1-25

八、结论启示

通过调查问卷数据分析、对比、研究，我们项目组得出如下结论：

（1）我县的小学数学教师队伍整体呈现年轻化趋势，学历较高，女教师偏多，乡镇教师队伍潜力巨大，这一现状能为我们项目的开展提供有力人员支持，同时也能看到我们开展此项目研究的可行性和必要性。

（2）数学核心素养体现了数学的抽象性、一般性、严谨性和应用性，应贯穿于数学教育教学的全过程。鉴于这一重要意义，结合我县数学教师团队数学核心素养的现状，可以看出数学核心素养已广泛地走入小学数学课堂，若使之有效的、科学的、全面的融入小学数学课堂教学则是一个长期的、反复的、渐进的自主生成过程，使之成为教师固有的教学理念也将是一个不断反省、反证的自我体验过程，这充分说明我们开展此项目研究的现实意义。

（3）课堂教学作为教师培养学生创新精神与实践能力的主渠道，只有深化课堂，才能承载新课改的目标，也才能将核心素养真真切切地体现在学习生活中，落实到教育教学中。为此，我们必须探求新的教学方法，改革教学模式，提高教学质量和效益，让学生喜欢上数学课堂，喜欢上数学学习，真正做到"亲其师，信其道"，使课堂成为培育学生数学核心素养的主阵地。这也是我们开展此项目研究的长远目标和最终目的。

《小学生数学核心素养和课堂教学现状调查问卷》
（学生版——低年级）

亲爱的同学们：

你们好！欢迎大家参加此次的调查问卷活动。这是一份关于小学生数学核心素养和课堂教学现状的调查问卷，调查的目的是为了充分了解大家关于核心素养的掌握和课堂教学现状的一些基本情况，从而帮助大家更好地学习数学，希望你们能够积极支持，请同学们按照题目的要求选择自己的真实想法，谢谢大家的合作！

1.你喜欢上数学课吗？

A. 非常喜欢　　　　B. 比较喜欢　　　　C. 不喜欢

2.数学课堂上你是否经常举手发言？

A. 经常　　　　B. 偶尔　　　　C. 从不

3. 你能很快地把新学的知识与生活中的现象联系起来吗？

A. 都能   B. 有时能

C. 多数能   D. 基本不能

4. 在日常生活中，你能用学过的数学知识来解决问题吗？

A. 经常   B. 有时

C. 很少   D. 基本上没有

5. 你喜欢老师用哪种方式上课？

A. 常使用多媒体手段

B. 以讲授知识为主

C. 多组织课堂活动

6. 7+3= (   ) + (   ) = (   ) + (   )，你知道填多少吗？

A. 想填多少就填多少

B. 三个式子的得数必须相等，但我不知道计算方法是什么？

C. 找窍门 '利用数的分解'

7. 今天小亮读书，从第12页读到第17页，他今天读了多少页？

A. 6页   B. 7页   C. 5页

8. 小朋友排队照相，小丽坐在第一排，从左往右数，她是第4个，从右往左数，她是第8个。第一排一共坐了多少小朋友？

A. 12个   B. 11个   C. 13个

9. 亮亮想要数一数学校门口1分钟大约通过（   ）辆小轿车，你认为下面哪种方法好？

A. 过一辆，数一辆

B. 用眼睛看，大概数一数

C. 用做记号的方法，分类数

10. 桌子上放着一个茶壶，四个同学从各自的方向进行观察，小明看到的是哪幅图？

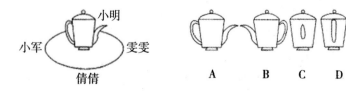

11. 在一块正方形地的每条边各栽3棵树，那么最少一共要栽多少棵树？

A. 6棵　　　　　B. 8棵　　　　　C. 9棵　　　　　D. 12棵

12. 采用下面的哪种方式解决数学难题？（可多选）

A. 画图的方法　　　　　　　　　B. 回忆做过的

C. 找同伴共同研究　　　　　　　D. 上网搜索答案

小学生数学核心素养和课堂教学现状调查问卷
（学生版——中高年级）

亲爱的同学们：

你们好！欢迎大家参加此次的调查问卷活动。这是一份关于小学生数学核心素养和课堂教学现状的调查问卷，调查的目的是为了充分了解大家关于核心素养的掌握和课堂教学现状的一些基本情况，从而帮助大家更好地学习数学，希望你们能够积极支持，请同学们按照题目的要求选择自己的真实想法，谢谢大家的合作！

1. 你喜欢上数学课吗？

A. 特别喜欢　　　　B. 比较喜欢　　　　C. 一般　　　　D. 不喜欢

2. 你最喜欢哪种类型的上课方式？

A. 教师从头到尾讲解，使学生掌握足够的信息量

B. 在教学活动中，有探究、有质疑、有小组合作

C. 利用先前经验对新问题进行解释

D. 在教师的指导下自己独立进行学习

3. 你喜欢什么样的课堂氛围？

A. 课堂氛围活跃　　　B. 课堂气氛安静　　　C. 课堂不受约束

4. 在老师提出问题后，你大多数情况下首先是怎么做的？

A. 独立思考　　　　B. 和同学讨论　　　　C. 听别的同学说

5. 当老师提问其他同学时，你是怎么做的？

A. 积极思考，探索新的问题

B. 等待同学回答

C. 不太关注

6. 如果你因为答错问题被老师批评，下次你还愿意主动回答问题吗？

A. 愿意　　　　　B. 看情况再说　　　　　C. 不愿意

7. 你的课堂上小组合作学习效果怎么样？

A. 对问题掌握很清楚

B. 浪费时间

C. 每次都是部分同学参与

8. 上课时你是怎样解决数学问题的？

A. 老师讲解

B. 独立思考

C. 先独立思考，再小组讨论

9. 在课堂上，遇到老师的讲解与自己的想法不一致时，你会怎么做？

A. 及时提出自己的疑问

B. 课后与老师私下交流

C. 听老师的，不提自己的问题

10. 对于数学课上老师讲得太多这个现象，你怎么看？

A. 课上老师就应该给我们多讲

B. 给我们更多的时间来自己研究

C. 完全由我们自己来学习

11. 你最喜欢老师用哪种方式评价你的学习效果？

A. 试卷测验　　　　　B. 平时作业　　　　　C. 课堂提问

12. 你认为有必要每天坚持练习几道计算题来提高计算能力吗？

A. 有必要　　　　　B. 效果一般　　　　　C. 没必要

13. 在做单纯的计算题时你有审题的习惯吗？

A. 有，想清运算顺序、方法再计算

B. 大概看一下题

C. 简单，直接计算

14. 在日常生活中，你会用学过的数学知识去解决实际问题吗？

A. 每天都会　　　　　　　　　B. 经常会

C. 偶尔会　　　　　　　　　　D. 从来不会

15. 如果问你"一页书有多少个字？一本书有多少个字？"你解决这个问题的方法是（　　　）。

A. 亲自数一数

B. 根据目测数出一行的字数，来判断一页有多少个字，推理出一本书的字数

C. 大致看一下，猜测出有多少个字

16. 如果把一个长方形拉成一个平行四边形，周长（　　　）。

A. 变大　　　　　B. 不变　　　　　C. 变小

17. 有一张长方形的纸，对折三次，每份是这张纸的（　　　）。

A. 1/2　　　　　B. 1/3　　　　　C. 1/8

18. 用同样长的小棒摆成一个长方形，至少要用多少根？

A. 4　　　　　B. 6　　　　　C. 10　　　　　D. 12

19. 在一个正方体的6个面上分别标上数字，怎样能使得"2"朝上的可能性为1/3？

A. 标2个1　　　　　B. 标2个2　　　　　C. 标2个4

20. 至少用多少个相同的小正方体才能拼成一个大正方体？

A. 4个　　　　　B. 8个　　　　　C. 6个

21. 你会采用下面的哪种方式解决数学难题？（可多选）

A. 画图分析　　　　　　　　　B. 回忆做过的

C. 找同伴共同研究　　　　　　D. 上网搜索答案

22. 你心目中的数学课堂是什么样子的？

_____

_____

_____

_____

《小学生数学核心素养和课堂教学现状调查问卷》
分析报告（学生版）

一、调查目的

为了充分了解小学生关于数学核心素养的掌握和小学生对于数学课堂学习的心态、学习能力、学习效果、师生情感等信息，为《基于核心素养下的小学数学课堂教学标准建设研究》项目的开展提供大量、真实、客观、有效的数据作为支撑，保证项目开展研究的科学性、客观性、真实性，从而使研究成果能把核心素养真正落实到课堂中去，更好地服务并改进我们的教学，扎扎实实地指导教学实践，促进小学数学高效课堂的生成，最终提升学生的数学素养。

二、调查方法

采用封闭式和开放式问卷相结合的方法，以问卷星的形式进行网上问卷。

三、调查对象

全县所有义务教育小学的学生，共26973人，其中低年级参与问卷人数9567人，中高年级参与问卷人数17406人。

四、调查过程

2019年8月—10月，针对当前教育发展，立足我县实际，了解目前我县小学生课堂教学现状及存在问题，项目组自编《小学生数学核心素养和课堂教学现状调查问卷》，采用封闭式和开放式问卷相结合的方法，在2019年9月开学初，用"问卷星"的形式在全县范围内开展了以所有小学生为调查对象的小学生数学核心素养和课堂教学现状调查问卷。以大量、真实、客观的数据为依据，进行了全面、深入、科学的分析，形成了系统的调查报告，不仅为进一步加强和改进我县小学数学课堂教学提供理论依据，而且为项目的顺利开展做了充分的准备。

五、基本数据汇总

全县有26973名小学生参与了问卷调查。其中低年级参与问卷人数9567人，中高年级参与问卷人数17406人。

（1）以县直学校和乡镇为单位低年级参与人数分布如下（图1-26）：

单位	参与人数	占比	单位	参与人数	占比
A.第一实验小学	949	9.92%	K.坊子	375	3.92%
B.第二实验小学	323	3.38%	L.三唐	159	1.66%
C.龙门小学	831	8.69%	M.王大卦	335	3.50%
D.文昌小学	302	3.16%	N.恩城	1039	10.86%
E.继愈小学	572	5.98%	O.王呆铺	324	3.39%
F.龙门办	668	6.98%	P.王庙	345	3.61%
G.开发区	269	2.81%	Q.张华	343	3.59%
H.桃园	500	5.23%	R.腰站	344	3.60%
I.前曹	473	4.94%	S.江山	439	4.59%
J.王凤楼	660	6.90%	T.蓝天	317	3.31%

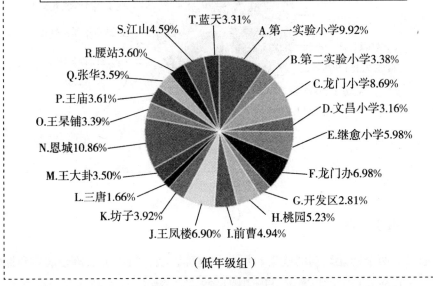

（低年级组）

图1-26

（2）以县直学校和乡镇为单位中高年级参与人数分布如下（图1-27）：

单位	参与人数	占比	单位	参与人数	占比
A.第一实验小学	1996	11.47%	K.坊子	515	2.96%
B.第二实验小学	563	3.23%	L.三唐	608	3.49%
C.龙门小学	1373	7.89%	M.王大卦	331	1.90%
D.文昌小学	992	5.70%	N.恩城	2031	11.67%
E.继愈小学	664	3.81%	O.王呆铺	779	4.48%
F.龙门办	901	5.18%	P.王庙	1001	5.75%
G.开发区	492	2.83%	Q.张华	768	4.41%
H.桃园	422	2.42%	R.腰站	574	3.30%
I.前曹	1010	5.80%	S.江山	628	3.61%
J.王凤楼	1194	6.86%	T.蓝天	564	3.24%

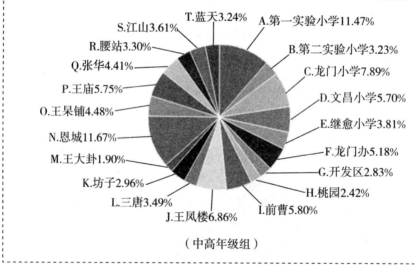

（中高年级组）

图1-27

六、数据分析

通过对两个问卷数据的收集、汇总和整理，项目组决定从核心素养和课堂教学现状两个方面来进行数据分析（图1-28-图1-30）。

（一）小学生数学核心素养方面

1. 就数学抽象而言

通过对问卷的数据分析，对于数学抽象这一核心素养，低年级学生在解决"小亮读书从第12页读到第17页他今天读了多少页"这一问题，有74.7%的学生选择6页，有22.13%的学生选择5页，有3.17%的学生选择7页；低年级学生在解决"排队照相小丽坐在第一排，从左往右数她是第4个，从右往左数她是第8个，一共坐了多少个小朋友？"这一问题，有76.45%的学生选择11个，有14.4%的学生选择12个，有9.15%的学生选择13个；中高年级学生对"有一张长方形的纸对折三次每份是这张纸的几分之几"的问题，有59.86%的学生选择1/8，有34.14%的学生选择1/3，有5.99%的学生选择1/2；中高年级学生对"至少用多少个相同的小正方体才能拼成一个大正方体"的问题，有59.58%的学生选择4个，有34.37%的学生选择8个，有6.04%的学生选择6个（图1-28-图1-31）。这些数据分析说明低年级学生对于数量与数量关系问题的数学抽象能力相当不错，中高年级学生对于图形与图形关系问题的数学抽象能力有待提高。学生数学抽象能力的培养是一个长期的过程，需要我们的数学教师常抓不懈。

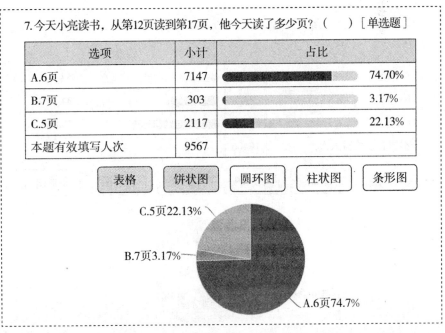

图1-28

8. 小朋友排队照相，小丽坐在第一排，从左往右数，她是第4个，从右往左数，她是第8个。第一排一共坐了多少小朋友？（　　　　）［单选题］

选项	小计	占比	
A.12个	1378		14.40%
B.11个	7314		76.45%
C.13个	875		9.15%
本题有效填写人次	9567		

| 表格 | 饼状图 | 圆环图 | 柱状图 | 条形图 |

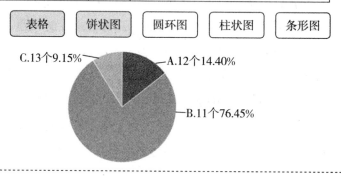

图1-29

17. 有一张长方形的纸，对折三次，每份是这张纸的（　　　　）［单选题］

选项	小计	占比	
A.1/2	1043		5.99%
B.1/3	5943		34.14%
C.1/8	10420		59.86%
本题有效填写人次	17406		

| 表格 | 饼状图 | 圆环图 | 柱状图 | 条形图 |

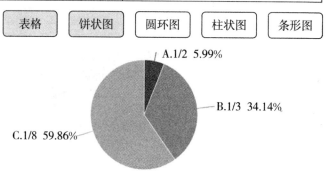

图1-30

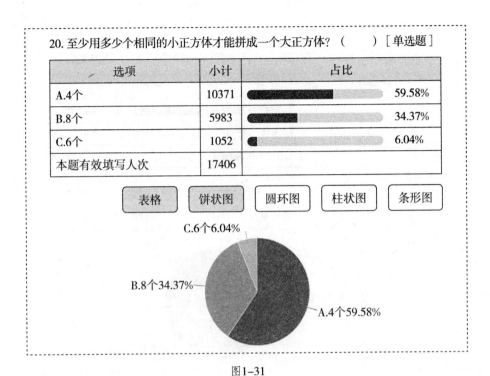

20. 至少用多少个相同的小正方体才能拼成一个大正方体? ( ) [单选题]

选项	小计	占比	
A.4个	10371		59.58%
B.8个	5983		34.37%
C.6个	1052		6.04%
本题有效填写人次	17406		

表格　饼状图　圆环图　柱状图　条形图

图1-31

2. 就数学建模而言

通过对问卷的数据分析,对于数学建模这一核心素养,低年级学生在解决"小亮读书从第12页读到第17页他今天读了多少页"这一问题,有74.7%的学生选择6页,有22.13%的学生选择5页,有3.17%的学生选择7页;中高年级学生对"在一块正方形地的每条边各栽3棵树那么最少一共要栽多少棵树?"的问题,有53.38%的学生选择12棵,有38.85%的学生选择8棵,有5.3%的学生选择9棵,有2.47%的学生选择6棵;中高年级学生对"至少用多少个相同的小正方体才能拼成一个大正方体"的问题,有59.58%的学生选择4个,有34.37%的学生选择8个,有6.04%的学生选择6个(图1-32-图1-34)。这些数据分析说明学生在实际情境中从数学的视角发现问题、提出问题、分析问题、建立模型、计算求解的能力总体来说需要提高,数学建模是应用数学解决问题的基本手段,也是推动数学发展的动力。

7.今天小亮读书，从第12页读到第17页，他今天读了多少页？（　　）［单选题］

选项	小计	占比	
A.6页	7147		74.70%
B.7页	303		3.17%
C.5页	2117		22.13%
本题有效填写人次	9567		

表格	饼状图	圆环图	柱状图	条形图

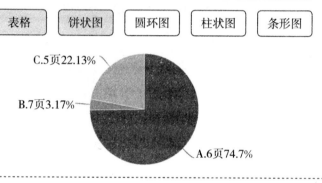

图1-32

11. 在一块正方形地的每条边各栽3棵树，那么最少一共要栽多少棵树？（　　）
［单选题］

选项	小计	占比	
A.6棵	236		2.47%
B.8棵	3717		38.85%
C.9棵	507		5.30%
D.12棵	5107		53.38%
本题有效填写人次	9567		

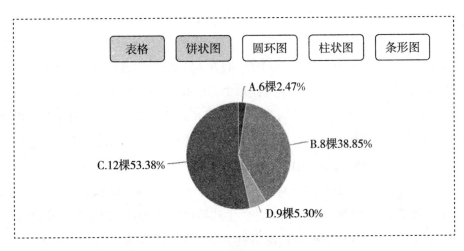

图1-33

20. 至少用多少个相同的小正方体才能拼成一个大正方体?（　　）［单选题］

选项	小计	占比	
A.4个	10371		59.58%
B.8个	5983		34.37%
C.6个	1052		6.04%
本题有效填写人次	17406		

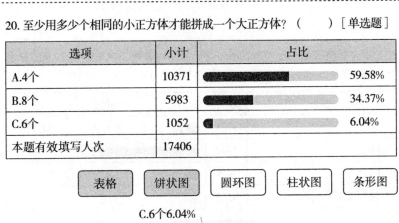

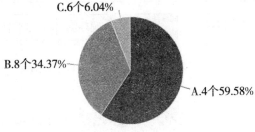

图1-34

3. 就逻辑推理而言

通过对问卷的数据分析，对于逻辑推理这一核心素养，低年级学生在解决"排队照相小丽坐在第一排，从左往右数她是第4个，从右往左数她是第8个，一共坐了多少个小朋友？"这一问题，有76.45%的学生选择11个，有14.4%的学生选择12个，有9.15%的学生选择13个；中高年级学生对"一页书有多少个字，一本书有多少个字？"的问题，有88.54%的学生采用数一行有多少字再判断一页有多少字进而推理出一本书有多少字的方法，有6.6%的学生用亲自数一数的方法，有4.86%的学生用大致看一看猜测一本书有多少字的方法；中高年级学生对"有一张长方形的纸对折三次每份是这张纸的几分之几"的问题，有59.86%的学生选择1/8，有34.14%的学生选择1/3，有5.99%的学生选择1/2（图1-35-图1-37）。这些数据分析说明数学逻辑推理的应用在学生解决问题时使用已经相当普遍，逻辑推理作为得到数学结论、构建数学体系的重要方式，是数学严谨性的基本保证，是人们在数学活动中进行交流的基本思维品质。

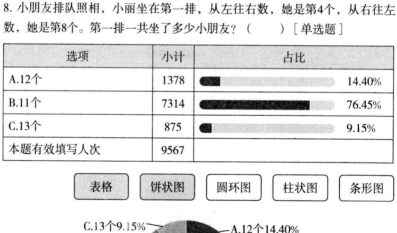

图1-35

15. 如果问你"一页书有多少个字？一本书有多少个字？"你解决这个问题的方法是（　　　）［单选题］

选项	小计	占比	
A.亲自数一数	1148		6.60%
B.根据目测数出一行的字数，来判断一页有多少个字，推理出一本书的字数	15412		88.54%
C.大致看一下，猜测出有多少个字	846		4.86%
本题有效填写人次	17406		

表格　　饼状图　　圆环图　　柱状图　　条形图

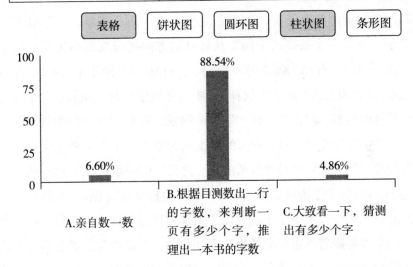

图1-36

17. 有一张长方形的纸，对折三次，每份是这张纸的（　　　）［单选题］

选项	小计	占比	
A.1/2	1043		5.99%
B.1/3	5943		34.14%
C.1/8	10420		59.86%
本题有效填写人次	17406		

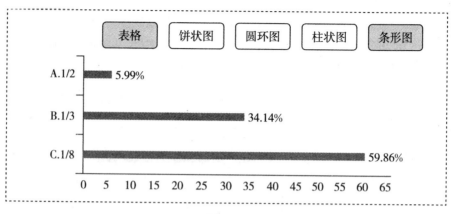

图1-37

4. 就直观想象而言

通过对问卷的数据分析，对于直观想象这一核心素养，低年级学生在解决"桌子上放着一个茶壶四个同学从各自的方向进行观察小明看到的是哪幅图？"这一问题，有38.58%的学生选择A，有56.94%的学生选择B，有3.33%的学生选择C，有1.15%的学生选择D；中高年级学生对"如果把一个长方形拉成一个平行四边形，周长会怎样？"这一问题，有86.87%的学生认为不变，有9.65%的学生认为变大，有3.48%的学生认为变小；中高年级学生对"有一张长方形的纸对折三次每份是这张纸的几分之几"的问题，有59.86%的学生选择1/8，有34.14%的学生选择1/3，有5.99%的学生选择1/2（图1-38-图1-40）。这些数据分析说明中高年级学生的直观想象能力比低年级学生要强一些，直观想象能力的培养是随着学生年龄的增长而变化的。直观想象是借助几何直观和空间想象感知事物的形态与变化，利用空间形式特别是图形，理解和解决数学问题的素养。

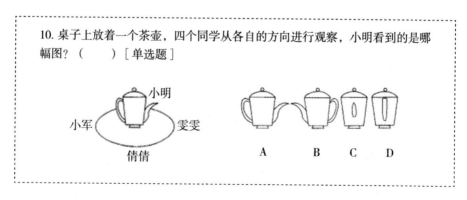

10. 桌子上放着一个茶壶，四个同学从各自的方向进行观察，小明看到的是哪幅图？（　　）［单选题］

选项	小计	占比	
A	3691		38.58%
B	5447		56.94%
C	319		3.33%
D	110		1.15%
本题有效填写人次	9567		

表格　饼状图　圆环图　柱状图　条形图

图1-38

16. 如果把一个长方形拉成一个平行四边形，周长（　　）［单选题］

选项	小计	占比	
A.变大	1680		9.65%
B.不变	15121		86.87%
C.变小	605		3.48%
本题有效填写人次	17406		

表格　饼状图　圆环图　柱状图　条形图

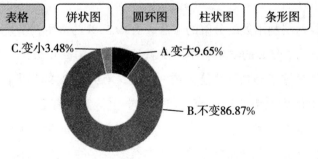

图1-39

17.有一张长方形的纸，对折三次，每份是这张纸的（　　　）［单选题］

选项	小计	占比	
A.1/2	1043		5.99%
B.1/3	5943		34.14%
C.1/8	10420		59.86%
本题有效填写人次	17406		

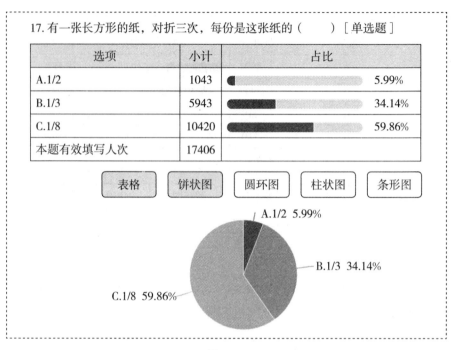

表格　饼状图　圆环图　柱状图　条形图

A.1/2 5.99%

B.1/3 34.14%

C.1/8 59.86%

图1-40

5. 就数学运算而言

通过对问卷的数据分析，对于数学运算这一核心素养，低年级学生在解决"7+3=（　　　）+（　　　）=（　　　）+（　　　）"这一问题，有77.97%的学生采用找窍门利用数的分解的方法，有19.59%的学生初步理解题意但不知道计算方法，有2.45%的学生想填多少就填多少；中高年级学生对于是否用每天练习几道计算题来提高计算能力这一问题，有93.44%的学生认为有必要，有5.11%的学生认为效果一般，有1.45%的学生认为没有必要。对"一页书有多少个字，一本书有多少个字？"的问题，有88.54%的学生采用数一行有多少字再判断一页有多少字进而推理出一本书有多少字的方法，有6.6%的学生用亲自数一数的方法，有4.86%的学生用大致看一看猜测一本书有多少字的方法（图1-41-图1-43）。这些数据分析说明学生对于计算能力提高的诉求很高，运算方法的选择对于运算效果影响巨大，理解运算对象，掌握运算法则，探究运算思路是培养数学运算核心素养的关键。

6. 7+3=（　　　）+（　　　）=（　　　）+（　　　），你知道填多少吗?（　　　）[单选题]

选项	小计	占比
A.想填多少就填多少	234	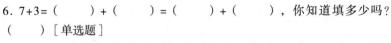 2.45%
B.三个式子的得数必须相等，但我不知道计算方法是什么?	1874	19.59%
C.找窍门'利用数的分解'	7459	77.97%
本题有效填写人次	9567	

表格　　饼状图　　圆环图　　柱状图　　条形图

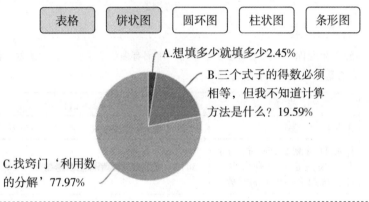

A.想填多少就填多少2.45%

B.三个式子的得数必须相等，但我不知道计算方法是什么? 19.59%

C.找窍门'利用数的分解'77.97%

图1-41

12. 你认为有必要每天坚持练习几道计算题来提高计算能力吗?（　　　）[单选题]

选项	小计	占比
A.有必要	16264	93.44%
B.效果一般	889	5.11%
C.没必要	253	1.45%
本题有效填写人次	17406	

表格　　饼状图　　圆环图　　柱状图　　条形图

13. 在做单纯的计算题时你有审题的习惯吗？（ ）［单选题］

选项	小计	占比	
A.有，想清运算顺序、方法再计算	15314		87.98%
B.大概看一下题	1657		9.52%
C.简单，直接计算	435		2.50%
本题有效填写人次	17406		

表格　饼状图　圆环图　柱状图　条形图

图1-42

15. 如果问你"一页书有多少个字？一本书有多少个字？"你解决这个问题的方法是（ ）［单选题］

选项	小计	占比	
A.亲自数一数	1148		6.60%
B.根据目测数出一行的字数，来判断一页有多少个字，推理出一本书的字数	15412		88.54%
C.大致看一下，猜测出有多少个字	846		4.86%
本题有效填写人次	17406		

表格　饼状图　圆环图　柱状图　条形图

C.大致看一下，猜测出有多少个字4.86%　　A.亲自数一数6.60%

B.根据目测数出一行的字数，来判断一页有多少个字，推理出一本书的字数88.54%

图1-43

6. 就数据分析而言

通过对问卷的数据分析，对于数据分析这一核心素养，低年级学生在解决"选用何种方式数一数学校门口1分钟通过多少辆轿车？"这一问题时，有55.34%的学生用做记号的方法分类数，有36.85%的学生用过一辆数一辆的方法，有7.82%的学生用眼睛看大概数一数的方法；中高年级学生对在一个正方体的6个面上分别标上数字怎样使得"2"朝上的可能性为1/3的问题上，有70.73%的学生认为标上两个"2"，有15.87%的学生认为标上两个"1"，有13.4%的学生认为标两个"4"（图1-44-图1-45）。这说明我们学生能有初步的数据分析能力，能对数据进行收集、整理、理解、处理，从而得到正确答案，概括和形成知识，但精准的数据分析能力需要逐步培养。

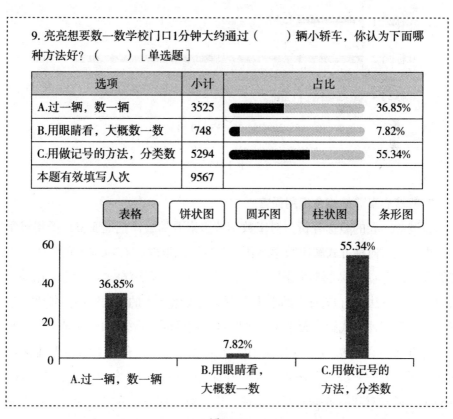

图1-44

19. 在一个正方体的6个面上分别标上数字，怎样能使得"2"朝上的可能性为1/3？（　　）［单选题］

选项	小计	占比	
A.标2个1	2762		15.87%
B.标2个2	12312		70.73%
C.标2个4	2332		13.40%
本题有效填写人次	17406		

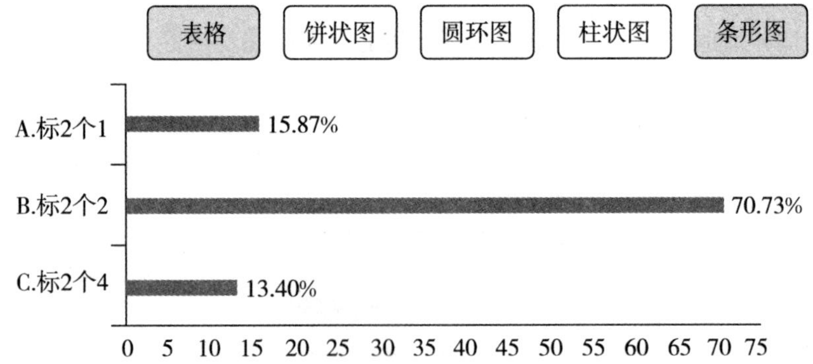

表格　饼状图　圆环图　柱状图　条形图

图1-45

7. 就核心素养的综合运用而言

通过对问卷的数据分析，对于数学核心素养的整体把握而言，低年级学生在解决"采用何种方式解决数学难题？"这一问题时，有79.36％的学生采用画图的方法，有47.62％的学生采用回忆做过的方法，有59.68％的学生采用找同伴共同研究的方法，有17.71％的学生采用上网搜索答案的方法；中高年级学生在解决"采用何种方式解决数学难题？"这一问题时，有77.84％的学生采用画图分析的方法，有39.92％的学生采用回忆做过的方法，有48.19％的学生采用找同伴共同研究的方法，有16.48％的学生采用上网搜索答案的方法（图1-46-图1-47）。通过对两组数据的对比发现，作为数学核心素养之一的逻辑推理中的数形结合思想是学生普遍采用的解决问题的方法，合作探索也是学生们乐于采用的解题方法，类比推理是学生们采用的第三大方法。调查结果显示，借助现代信息技术辅助解决问题的习惯尚未在学生中养成。因而核心素养作为育人价值的集中体现，对学生通过学科学习而逐步形成正确的价值观、必备品格和关键能力至关重要。

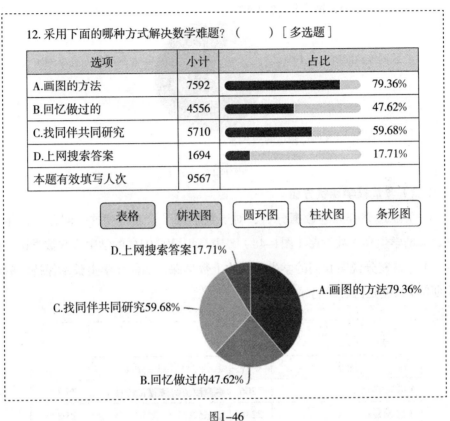

12. 采用下面的哪种方式解决数学难题？（　　　）［多选题］

选项	小计	占比	
A.画图的方法	7592		79.36%
B.回忆做过的	4556		47.62%
C.找同伴共同研究	5710		59.68%
D.上网搜索答案	1694		17.71%
本题有效填写人次	9567		

表格　　饼状图　　圆环图　　柱状图　　条形图

D.上网搜索答案17.71%
C.找同伴共同研究59.68%
A.画图的方法79.36%
B.回忆做过的47.62%

图1-46

21. 你会采用下面的哪种方式解决数学难题？（　　　）［多选题］

选项	小计	占比	
A.画图的方法	13548		77.84%
B.回忆做过的	6948		39.92%
C.找同伴共同研究	8388		48.19%
D.上网搜索答案	2868		16.48%
本题有效填写人次	17406		

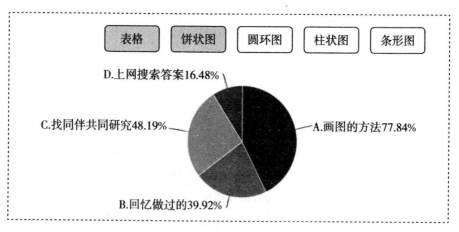

图1-47

（二）课堂教学现状方面

（1）通过调查问卷数据分析，对于数学课受欢迎程度这一问题，低年级99.21%的学生喜欢数学课（图1-48），中高年级92.04%的学生喜欢数学课（图1-49），这充分说明我们的学生很喜欢上数学课，如何让学生长期保持对数学课的浓厚兴趣是值得我们深思的问题。

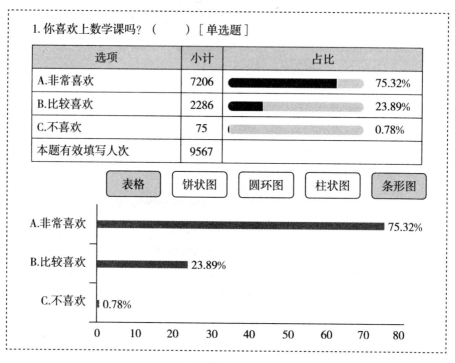

图1-48

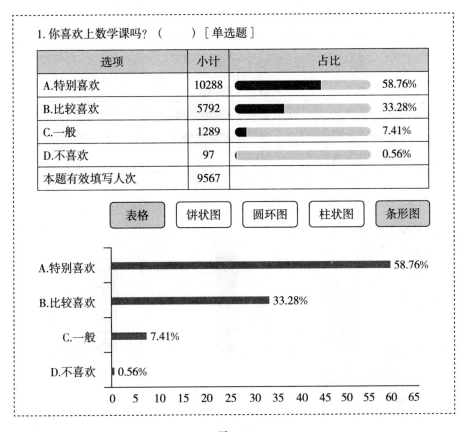

图1-49

（2）通过调查问卷数据分析，对于学生喜欢的课堂教学方式这一问题，低年级常使用多媒体手段的占22.54%，以讲授知识为主的占39.34%，多组织课堂活动的占38.12%（图1-50）；中高年级喜欢教师从头到尾讲解，使学生掌握足够的信息量的占43.21%（图1-51），在教学活动中，有探究、有质疑、有小组合作的占44.92%，利用先前经验对新问题进行解释的占3.06%，在教师的指导下自己独立进行学习的占8.81%。这些数据说明课堂教学方式需要多样性，小组合作已能在中高年级落地生根，多媒体手段的使用在低年级还需要提高，对于知识的迁移和教师指导下的独立学习还需要着重培养。

5. 你喜欢老师用哪种方式上课？（　　）［单选题］

选项	小计	占比	
A.常使用多媒体手段	2156	▰▰▰▱▱▱▱	22.54%
B.以讲授知识为主	3764	▰▰▰▰▱▱▱	39.34%
C.多组织课堂活动	3647	▰▰▰▰▱▱▱	38.12%
本题有效填写人次	9567		

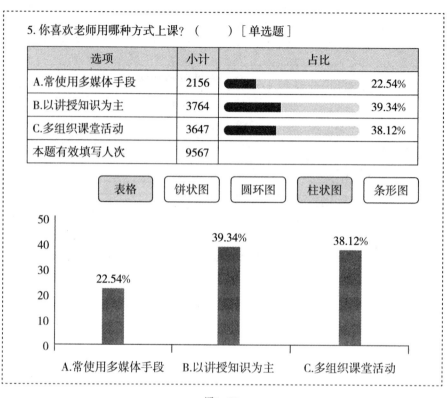

图1-50

2. 你最喜欢哪种类型的上课方式？（　　）［单选题］

选项	小计	占比	
A.教师从头到尾讲解，使学生掌握足够的信息量	7521	▰▰▰▰▰▱▱	43.21%
B.在教学活动中，有探究、有质疑、有小组合作	7818	▰▰▰▰▰▱▱	44.92%
C.利用先前经验对新问题进行解释	533	▰▱▱▱▱▱▱	3.06%
D.在教师的指导下自己独立进行学习	1534	▰▱▱▱▱▱▱	8.81%
本题有效填写人次	17406		

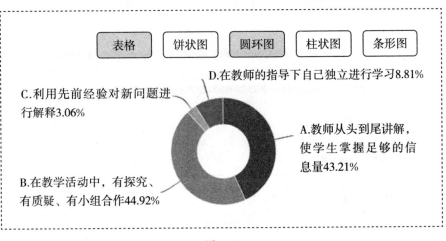

图1-51

（3）通过调查问卷数据分析，对于是否会用学过的知识去解决实际问题这一问题，低年级常使用的占56.3%，有时会用的占39.24%，很少和不用的分别占3.6%和0.87%（图1-52）；中高年级天天会用的占32.75%，经常会用的占41.59%，偶尔会用和从来不用的分别占24.87%和0.79%（图1-53）。这些数据说明我们的学生大多数能用学过的数学知识来解决问题，在低年级这一比重占的更大。学以致用，正是我们数学教育追求的目标。

4. 在日常生活中，你能用学过的数学知识来解决问题吗？（　　）［单选题］

选项	小计	占比	
A.经常	5386		56.30%
B.有时	3754		39.24%
C.很少	344		3.60%
D.基本上没有	83		0.87%
本题有效填写人次	9567		

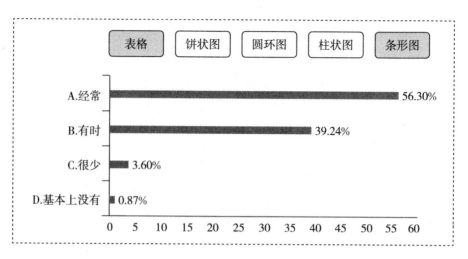

图1-52

14. 在日常生活中，你会用学过的数学知识去解决实际问题吗？（　　　　）
［单选题］

选项	小计	占比	
A.每天都会	5700		32.75%
B.经常会	7240		41.59%
C.偶尔会	4329		24.87%
D.从来不会	137		0.79%
本题有效填写人次	17406		

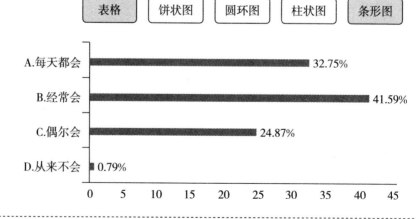

图1-53

（4）通过调查问卷数据分析，对于学生喜欢什么样的课堂氛围这一问题，喜欢课堂氛围活跃的占66.15%，喜欢课堂气氛安静的占30.93%，喜欢课堂不受约束的占2.92%（图1-54）。这些数据说明我们的学生大多数喜欢课堂氛围活跃的课堂，喜欢课堂气氛安静的占其次，课堂气氛形式对于学生的学习效果和学习效率影响很大。

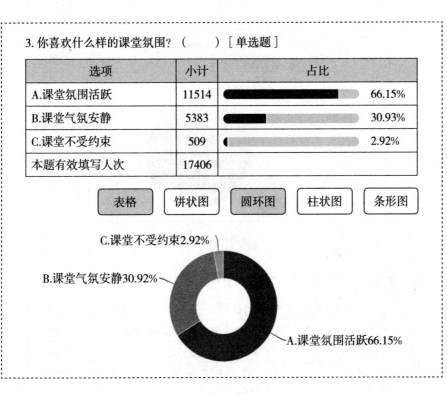

图1-54

（5）通过调查问卷数据分析，对于教师提问这一问题，学生有如下反应：独立思考的占69.33%，和同学讨论的占28.01%，听别的同学说占2.67%（图1-55）；面对教师提问别人，学生有如下反应：积极思考探索新的问题的占77.87%，等待同学回答的占21.69%，不太关注的占0.44%（图1-56）。这些数据说明面对教师的提问无论提问自己还是别人多数学生能做到独立思考，同时能和同学讨论的也占相当比例，如何让更多的学生关注到教师的提问中来？这对于教师的问题设计带来了极大的挑战。

4. 在老师提出问题后，你大多数情况下首先是怎么做的？（　　）［多选题］

选项	小计	占比	
A.独立思考	12067		69.33%
B.和同学讨论	4875		28.01%
C.听别的同学说	464		2.67%
本题有效填写人次	17406		

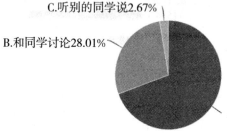

C.听别的同学说2.67%
B.和同学讨论28.01%
A.独立思考69.33%

图1-55

5. 当老师提问其他同学时，你是怎么做的？（　　）［单选题］

选项	小计	占比	
A.积极思考，探索新的问题	13554		77.87%
B.等待同学回答	3776		21.69%
C.不太关注	75		0.44%
本题有效填写人次	17406		

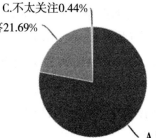

C.不太关注0.44%
B.等待同学回答21.69%
A.积极思考，探索新的问题77.87%

图1-56

（6）通过调查问卷数据分析，对于课堂上小组合作学习效果这一问题，认为对问题掌握很清楚的占84.94%，每次都是部分同学参与的占13.84%，认为浪费时间的占1.22%（图1-57）。这说明小组合作的学习方式已在我们的数学课堂上生根发芽，小组合作的效果也是相当明显的，如何让小组合作发挥更大优势需要所有数学教师的共同努力。

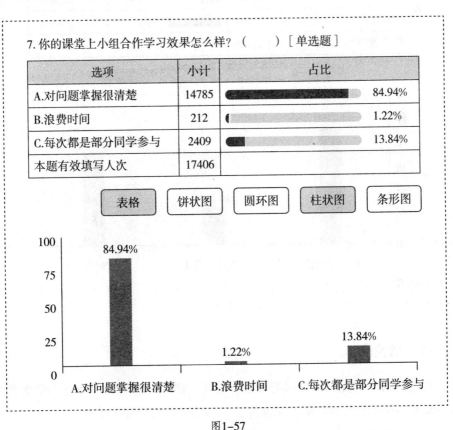

图1-57

（7）通过调查问卷数据分析，对于学生喜欢老师用哪种方式评价学习效果这一问题，赞同试卷测验的占46.35%，赞同平时作业的占15.56%，赞同课堂提问的占38.09%（图1-58）。这说明学生比较认同试卷测验和课堂提问两种方式来评价学习效果，平时作业没有占到大的比例，在保持试卷测验和课堂提问两种方式优势的前提下，教师也应积极探索作业的设计，让其发挥评价效果的应有作用。

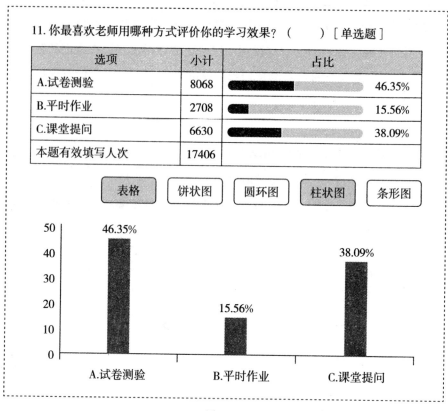

11. 你最喜欢老师用哪种方式评价你的学习效果？（　　　）［单选题］

选项	小计	占比
A.试卷测验	8068	46.35%
B.平时作业	2708	15.56%
C.课堂提问	6630	38.09%
本题有效填写人次	17406	

表格　　饼状图　　圆环图　　柱状图　　条形图

图1-58

八、结论启示

通过对两个调查问卷数据的分析、对比、研究，结合目前我县小学生数学核心素养和课堂教学现状的整体情况，我们项目组得出如下结论：

（1）小学数学学科的受欢迎程度颇高，学生对小学数学课堂教学有着浓厚的兴趣。现状要求课堂教学方式需要呈现多样性，活跃的课堂氛围对学生学习效果的影响巨大，合作探索的学习方式要扎实推进，现代信息技术对小学数学课堂教学的辅助作用日益明显，学会独立思考对学生终身学习习惯的养成意义重大，更加科学合理的评价标准是师生一致诉求。鉴于此，我们项目的研究就有着非同一般的现实意义。

（2）数学学科核心素养是数学课程目标的集中体现，是具有数学基本特征的思维品质、关键能力以及情感、态度与价值观的综合体现，是在数学学习和应用的过程中逐步形成和发展的。提高学生的数学素养即提高学生适应社会，参加生产和进一步学习所必需的数学基础知识和基本技能，这既是时代的需要，也是学生实现可持续性发展，最终实现自身价值的需要。结合调查问卷的数据分析，我们能清楚地看到，数学抽象、逻辑推理、数学建模、直观想象、数学运算和数据分析这六大数学核心素养在我县小学生的数学学习中应用程度是参差不齐的，学段不同，问题领域不同，呈现的方式也各不相同，因而怎样将数学核心素养有效地融入我们数学课堂教学是一项亟待解决的现实课题。因此，时代需求与教学现状也就成为我们这一基础教育改革项目研究的推动力。

第四节　研究课型分类

　　社会大环境的改变与目前小学数学教育改革的现状为我们项目的研究与实施提供了难得的机遇，也使得项目的开展有了必要性和紧迫性。前期我们对《小学数学课堂教学标准建设研究》已积累了大量的经验，历经六年，纵向研究了小学数学四大领域，"图形与几何"领域构建了"一动、二探、三模、四用"的课堂教学模式；"数与代数"领域构建了"一摆二拨三抽四用"的教学思路；"统计与概率"领域构建了"一调二统三析四用"的教学流程；"综合与实践"领域目前正在进行梳理，力争实现以一类问题为载体，师生共同参与，帮助学生积累数学活动经验的重要理念。然而数学是一门学科，如何依据数学学科的特征，将四大领域统一起来，构建一套科学的行之有效的基于核心素养下的小学数学课堂教学标准？所以该项目，我们以课型为抓手，开展横向研究，努力构建一套科学的行之有效的基于核心素养下的小学数学课堂教学标准，期待项目成果为小学数学教学改革与发展提供具有指导意义的理论框架，以及为小学数学教师的课堂教学提供可借鉴的操作模式，从更深层面上推进核心素养在课堂教学实践中的落实与发展。

　　山东省基础教育教学改革项目成功立项，把我县小学数学教育教学领向科研高地。基于以上六年纵向研究的基础，结合"立德树人"这一根本任务，拓展为横向研究，把小学阶段数学教学内容分成十八种课型，项目力求通过这十八种课型的研究，构建一套基于核心素养下的小学数学课堂教学标准模式。此研究有助于学生的成长，教学是教师的教与学生的学的共同体，学生成长应成为衡量教学有效与否的标准；有助于促进小学课堂教学转型，促进教师角色的转变，催生崭新的课堂教学的创造；有助于强化教师的问题意识和反思品质，促进教师更好的反思与改进自己的教学，促进教师的专业化发展。我们提出《基于核心素养下的小学数学课堂教学标准建设研究》这个项目，力争从数学基本课型入手，深入地研究小学数学课堂教学，让广大一线教师在日常教学中，做到有据可依、有法可循，对促进广大教师的专业成长和队伍建设有着重大而深远的意义。

依据吴亚萍的《中小学数学教学课型研究》一书，项目组结合小学数学教学性质，确定一级课型分类，即知识形成课型、知识巩固课型与知识复习课型。对知识形成课型按教学内容的不同又分为概念教学课型、运算教学课型和规律教学课型，对每一种课型按照知识形成的过程进行三级分类，概念教学课型又分为分类研究的概念课型、聚类研究的概念课型、规律研究的概念课型；运算教学课型又分为运算产生研究的课型、运算法则研究的课型、运算运用研究的课型；规律教学课型可分为枚举研究的课型、推理研究的课型。对知识巩固课型按巩固的内容性质分为单课练习课型、单元练习课型。对知识复习课型按复习内容和性质分为拓展深化的复习课型、知识梳理的复习课型、专题技能的复习课型。（如图1-59）

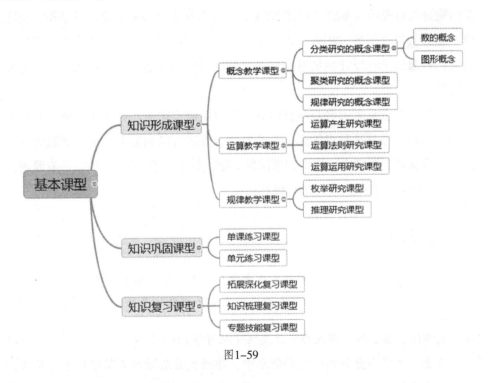

图1-59

在这些基本课型研究的基础上，项目组对数学教学内容进行详细的梳理，并融入数学核心素养的分析，努力让数学核心素养落实到具体的教学中。从更深的层次看，课堂教学不仅仅关注数学知识的传授，而且重视知识的形成过程，让学生在体验与感悟中积累活动经验，获得感性认识，感受数学知识产生的必要性和价值所在。让学生逐步学会用数学的眼光观察世界，用数学的思维思考世界，用数学的语言表达世界。随着研究的不断深入，我们发现小学数学课堂教学活动的创设起到关键的作用，如概念课中的分类研究的概念课，其研究过程就是通过教师提供的大量的素材，寻找相同之处进行分类，通过不同的标准分类聚焦概念的内涵，引导学生进行归纳概括，用自己的语言描述概念的本质，从而抽象出概念，如：小学数学概念中的数的认识、角的认识、方程的意义、轴对称图形等。而聚类研究的概念课则是通过教师提供的大量素材寻找他们的不同中的相同之处，进行提炼概括，用语言描述抽象概念的过程，如：小学数学概念中的周长认识、面积和面积单位、体积和体积单位、百分数的意义、比的意义等；在设计时往往两种研究概念的过程都有，如分数的意义，教学时先分类研究得出单位"1"的含义，再聚类研究分数的概念；又如正、反比例的意义的概念形成过程就可以先进行聚类研究再通过分类研究最后运用聚类研究，抽象出正、反比例的意义。总之教学时要灵活运用以体现数学教学的灵活性和丰富性。

为了引领全县教师参与项目研究，项目组决定把十八种课型归纳为五类子课题，2019年11月项目组对全县小学数学教师进行课型培训，下发课题研究通知。最后从32个课题中评选出19项课题立项，其中有重点课题9项，一般课题10项，大大提高了教师们参与的积极性。

附：课题通知

关于组织申报山东省基础教育改革项目《基于核心素养下的小学数学
课堂教学标准建设研究》子课题的通知

各县直学校、各乡镇（街道办、开发区）教育联区：

为进一步提高全县的教育科研水平，推进我县基础教育教学改革的步伐，报经平原县教育科学规划领导小组批准，决定面向全县组织申报山东省基础教育改革项目《基于核心素养下的小学数学课堂教学标准建设研究》子课题。现将有关事项通如下：

一、选题要求

（一）从提升教师专业素质、落实小学生核心素养入手，结合本单位实际申报课题。

（二）课题名称从以下选择：

《基于核心素养下的小学数学"概念课"课堂教学标准建设研究》

《基于核心素养下的小学数学"运算课"课堂教学标准建设研究》

《基于核心素养下的小学数学"规律课"课堂教学标准建设研究》

《基于核心素养下的小学数学"巩固课"课堂教学标准建设研究》

《基于核心素养下的小学数学"复习课"课堂教学标准建设研究》

二、研究要求

（一）本次立项的课题，参与研究的人员（含主持人）不能低于4人，不能超过6人；研究时间不能低于12个月，结题时间原则上不能超过18个月。

（二）无论选择哪种课题在预期成果中必须有：

1. 《基于核心素养下的小学数学"＿＿＿＿课"课堂教学标准建设研究》教师教的标准、学生学的标准、师生评价标准。

2. 典型课例（教学设计、课堂实录、教学反思）。

3. 课题研究成果发表须注明：2019年度山东省基础教育教学改革项目《基于核心素养下的小学数学课堂教学标准建设研究》（项目编号：3714034）。

三、格式要求

（一）各单位务必于12月20日下午5：00前将申报材料的电子版（申报书和汇总表）发送至邮箱：xxsxktq@126.com；将单位盖章后的纸质版（申报书一式三份和汇总表一份）送至教育局教科所（三楼西头）。本次评审不接收个人材料，逾期不报，视为放弃。联系人：孟庆云，电话：16688093859。

（二）上报材料格式为：

1. 封面（三号宋体加粗居中）。内容文字格式：题目小二宋体；内容小三仿宋。内容一级标题小三黑体（一、二、……），二级标题小三楷体［（一）（二）……］，三级标题小三仿宋（1. 2.…）。

2. 图片格式：证书每页A4纸放4张。

3. 每个课题的材料放入一个文件夹，文件夹名称为"序号+主持人姓名+课题名称"，其中的序号与《课题申报汇总表》中序号一致，然后将报送的所有材料汇总到一个文件夹（文件名称为：立项课题+乡镇教育联区/学校）.《课题申报汇总表》（见附件2）以Excel格式上报，表中"单位"一列一定要写清详细名称，如平原县××乡镇××学校、平原县第一实验小学等。

4. 以县直学校/乡镇教育联区为单位报送，不接收个人材料，逾期不报，视为放弃。

附件：1.山东省基础教育改革项目子课题申报书
2.山东省基础教育改革项目申报汇总表

平原县教育科学规划领导小组办公室

2019年11月15日

参考文献

[1] 褚宏启，张咏梅，田一. 我国学生的核心素养及其培育 [J]. 中小学管理，2015（09）：4-7

[2] 辛涛，姜宇，刘霞. 我国义务教育阶段学生核心素养模型的构建 [J]. 北京师范大学学报（社会科学版），2013（01）：5-11

[3] 李星云. 论小学数学核心素养的构建——基于PISA2012的视角 [J]. 课程·教材·教法，2016，36（05）：72-78

[4] 中华人民共和国教育部. 义务教育数学课程标准 [M]. 北京：北京师范大学出版社，2011.

[5] 马云鹏. 关于数学核心素养的几个问题 [J]. 课程. 教材. 教法. 2015（09）

[6] 孔凡哲，史宁中. 中国学生发展的数学核心素养概念界定及养成途径 [J]. 教育科学究，2017（06）：5-11.

[7] 本刊记者，刘启迪. 第四届基础教育改革与发展论坛综述 [J]. 课程. 教材. 教法，2015，35（01）：125-127.

[8] 王仲春，李元中，顾莉蕾，孙名符. 数学思维与数学方法论 [M]. 北京. 高等教育出版社. 1989-56

［9］王鸣笛."烧中段"的数学教育［N］.中国教育报2004-09-14.

［10］张奠宙,李士锜,李俊.数学教育学导论［M］.高等教育出版社,
2003:55.

［11］吴维煊."实用主义"态度对数学教学的"离心影响"［J］.太原大
学学报.2010（03）:124-129.

［12］陈立群.数学教学中的知识、方法与思想［J］.人民教育.2006
（01）:34-35.

［13］孙朝仁,臧雷."数学思想方法研究"综述［J］.中学数学教学参考.
2002（10）:28-30.

［14］王义全.学习方式转变的理性反思［J］.中小学管理.2009（05）:20-21.

［15］张奠宙,郑振初."四基"数学模块教学的构建——兼谈数学思想方
法的教学［J］.数学教育学报.2011（05）:16-19.

［16］姜伯驹.关于数学教学改革之我见［J］.科技导报.1997（06）:23-26.

［17］罗增儒.数学思想方法的教学［J］.中学教研（数学）.2004（07）:
28-33.

［18］陈立群.数学教学中的知识、方法与思想［J］.人民教育.2006
（01）:34-35.

［19］教育部.全日制义务教育数学课程标准（2011年版）［M］.北京师范
大学出版社,2011:24.

［20］邵陈标."数学广角"的灵魂:数学思想方法［J］.中小学教师培训.
2009（10）.31-34.

［21］中华人民共和国教育部,普通高中数学课程标准［S］,北京;人民
教育出版社,2018:2.

［22］吴亚萍.中小学数学教学课型研究［G］.福建教育出版社.2014
（10）:15-34.

［23］王永春.小学数学核心素养教学论［G］.华东师范大学出版社.2019
（05）:29-73.

第二章

概念课型

数学知识的形成从其性质来看可分为概念教学课型、运算教学课型和规律教学课型，其中概念教学课型是最基础、最主要的课型，它分布在数与代数、几何与图形、统计与概率领域中。在数与代数领域中的数的概念有整数、小数、分数、正负数、百分数，运算的概念有加、减、乘、除、平均分、倍数、比等；几何与图形领域中涉及的概念有图形的认识、测量、运动和图形与位置，图形的认识中各种平面图形的认识及特征都属于概念教学，图形的测量包括各种计量单位的认识、图形的周长、面积、体积和容积的概念，图形的运动有轴对称图形、旋转和平移的认识，图形与位置中的方向、数对、比例尺都属于概念教学；统计与概率领域的概念包括各种统计图表的认识、平均数、可能性的概念，确定事件和不确定事件。本章主要围绕着概念的形成过程与概念课所承载的核心素养进行有效对接并展开研究。

第一节　概念课型教学内容梳理

项目组和实验教师一起对小学数学概念课教学内容进行梳理，并对其所要落实的核心素养提出教学实施建议。以下是青岛版教材1–6年级12册课型梳理。

基于核心素养下的小学数学课堂教学标准建设研究
——课型梳理（一年级上册）

一、分类研究的概念课型

（一）第一单元：《10以内数的认识》
1. 核心素养
直观想象、数学抽象、数学建模

2. 落实核心素养教学实施建议

（1）突出1至10认识的教学，充分借助学具和课件建立1至10的模型，让学生经历数学抽象的过程。引领学生经历：通过数实物引出数—用点子图表示数—抽象数建立模型—用计数器拨数—在田字格里写数—分与合数的组成。

（2）突出1至10书写的教学，教给他们书写的方法。3和5的书写是难点。突出：点—线—面。

（3）创设丰富多彩的校园生活情境，让学生通过数一数、摆一摆、拨一拨、写一写、分一分、说一说等活动，让学生经历从具体物体中抽象出数的过程，充分感受到数学来源于生活。

（4）通过具体情境，让学生充分利用已有的生活经验，引导学生用0-10各数来表示一些物体的个数和顺序，结合已有经验，经历符号形成的过程，最后利用计数器拨一拨，为以后要学的数位顺序表做铺垫。

（5）数形结合，既能用数表示物体的个数或事物的顺序和位置，又能回到生活情境中体会10以内的数在生活中的运用。

（6）教师在课本"摘苹果"的情境以外，创设更多的"没有"的情境，让学生经历"从有到无"的过程和"符号创造"的过程，感受"0"，理解0的意义，激发学生主动探究意识。

（二）第五单元窗一：《11—20各数的认识》

1. 核心素养

直观想象、数学抽象、数学建模

2. 落实核心素养教学实施建议

（1）创设海鸥回来的情景，让学生用1根小棒代表1只海鸥，借助小棒数一数、摆一摆引导学生掌握数数的顺序，感悟数的大小，让学生经历从具体物体中抽象出数的过程。

（2）借助计数器拨一拨，让学生建立起"1个十"和"1个一"的表象，理解数的组成，认识计数单位和数位，掌握数的组成以及数的读、写方法，培养学生抽象概括的能力，发展学生数感。

（3）应该注重学生是否能够独立借助学具进行操作、观察和思考，会用数学语言表达自己的想法。

（4）引导学生经历：数情境中的物，引出数——借助小棒摆出数——借助计数器拨出数——借助拨数形成模型。

（5）创设更多情境，进一步认识11—20各数，加强理解和应用，有利于学生初步体会表示数的位值制原则，构建数学模型，为学习更大的数打下基础。

二、聚类研究的概念课

第六单元：《认识图形》

1. 核心素养

直观想象、数学抽象、数学建模

2. 落实核心素养教学实施建议

（1）创设生活情境，让学生搜集情境窗中各种形状的物体，加强对各种形体的直观感知，然后经历"看一看、摸一摸、滚一滚、分一分"的过程，让学生在操作活动中直观的认识各种形体的特征，让学生用自己的语言进行初步表达并试着自主进行分类，教师适时引导，强化特征对比，进行正确分类，通过分类能知道这些立体图形的名称、能辨认和区别这几种立体图形。

（2）在学生对各类物体正确分类的基础上，引导学生对同一类形体的物体再仔细观察、触摸、对比，通过加深学生对几种立体图形特征的充分感知，从而抽象出不同图形的基本形体和几何图形，充分展示从"物"到"形"的过程。

（3）引导学生搜集生活中以上几种立体图形的物品，让学生充分汇报，最好能展示和分享，既使学生经历以"形"建模再到"物"的感知过程，又加强了对生活的联系。

三、规律研究的概念课

第四单元：《认识位置》：

1. 核心素养

直观想象、数学建模。

2. 落实核心素养教学实施建议

（1）创设生动活泼的游戏情境，通过"写字的是哪个手？"这一问题，唤醒学生对方位相关的已有经验，同时激发学生的乐于参与的兴趣，在生动活泼、主动的具体情境中，让学生直观感受"上下、前后、左右"方位并试着自已进行区分、辨认，初步建立"上下、前后、左右"的方位感。

（2）通过具体情境中的感知，引导学生正确区分辨认"上下、前后、左右"方位，创设不同情境，让学生充分对这些方位不断的区分，不断的辨认，加强学生对这些方位的感知，构建方位模型，从而达到熟练辨别方位和描述一些周围事物的位置。

（3）让学生身临其境体会观察者的上下、前后、左右，会用上下、前后、左右描述物体的相对位置。

基于核心素养下的小学数学课堂教学标准建设研究
——课型梳理（一年级下册）

一、分类研究的概念课型

（一）第三单元：《100以内数的认识》

1. 核心素养

直观想象、数学抽象、数学建模

2. 落实核心素养教学实施建议

（1）本节知识中每读、写一个数都要综合应用数的组成、数位的意义等重要的概念。从20扩展到100，数增多增大了，内涵丰富了，也更加抽象了。教学中要通过反复比较理解不同的"两位数"中十位上的数字都表示"几个十"。也就是计数单位相同。在教学"计数单位"时，对于学生数"28"采用的不同数的方法，教师引导学生通过直观的计数器发现"虽然数字不同，但是数位相同也就是计数单位相同"。帮助学生了解不同的计数单位产生的必然性。

（2）教师要利用丰富的情境资源和直观教具帮助学生优化认知过程。数是抽象的，对于学生来说将数的符号与视觉材料相联系，建立直观心理表象最重要，这也正是培养数感的一方面。

（3）教师要关注学生已有的知识经验以及学习数的认识的方法，充分在学习20以内数的基础上利用迁移认识100以内的数，从而掌握两位数的读写方法。

让学生主动构建知识，形成数的模型。

（4）学生要经历数产生的过程，尤其是"拐弯数"，增加数感以及抽象能力。

（5）经历100的产生的过程，落实数学抽象的核心素养。

（二）第六单元：《人民币的认识》

1. 核心素养

数学抽象、数学建模、数学运算

2. 落实核心素养教学实施建议

（1）人民币是学生已经非常熟悉的知识，教师设计具有现实性、实践性的场景引导学生从数学的角度发现和提出问题，不断增强问题意识，提高学生解决实际问题的能力。培养学生从具体的情境中抽象出具体量的关系。

（2）结合本节课知识特点，课堂创设购买东西的活动，让学生在活动中感受"1元=10角，1角=10分"构建数学模型，解决实际问题。

（3）介于以上两点，评价重点应该侧重于在实践中的常见的应用，比如："换钱"的不同方法，培养学生数学运算的能力。

二、聚类研究的概念课型

（一）第四单元：《认识图形》

1. 核心素养

直观想象、数学抽象、数学建模

2. 落实核心素养教学实施建议

（1）本节知识借助于立体图形学习长方形、正方形、平行四边形、三角形等平面图形。由"体"到"面"，是数学学习中非常重要的思维，要让学生充分地去感知"体上有面""面附于体"，（注意找图形的顺序方法的渗透以及图形展示由不规范到规范）实现培养学生几何直观、发展形象思维，提升空间观念。

（2）在利用情境图教学时，注意要让学生用自己的语言描述图形的特征，通过学生几种图形初步的直观认识和描述，引导学生建立几种几何图形的模型，培养建模的思想。

（3）经历从具体事物的形到图的抽象过程。培养学生能在具体的实物中抽象出简单的几何图形。在以上两个教学活动过程中，教师要注意充分利用有价值的生成资源，让学生在质疑中探究知识。通过"身边周围物体上的图形"这一活动培养应用意识。

（二）第八单元：《厘米、米的认识》

1. 核心素养

直观想象、数学抽象、数学建模

2. 落实核心素养教学实施建议

（1）学生通过大量的实践活动体会到不同情境中厘米和米的应用，分类得到："较长物体测量用米""较短物体测量用厘米"。

（2）培养学生对于物体的长度要能够有直观判断，通过让学生"估测"长度，培养学生直观想象的能力。同时估测也是形成空间观念的重要手段。

（3）通过测量与比较，学生抽象出长度之间的量的关系。建立"一拃"的长度模型。

（4）要重视实际测量，使学生充分地感知，让学生用自己的活动建构对新知的理解，形成自己的体验。建立"厘米""米"的表象，引导学生头脑中建立"1米""1厘米"的模型，培养学生建模思想

基于核心素养下的小学数学课堂教学标准建设研究
——课型梳理（二年级上册）

一、分类研究的概念课型

（一）第四单元信息窗三：《表内乘法：倍的认识》

1. 核心素养

数学抽象、数学建模

2. 落实核心素养教学实施建议

（1）借助情境图，从学生认识的图形出发，动手探究、观察比较、数形结合，引导学生发现倍与几个几之间的关系，落实了数学抽象的核心素养。

（2）学生经历对倍的初步感知、动手探究、建立倍概念的过程，落实了数学建模的核心素养。

（二）第三单元信息窗一：《角的初步认识》

1. 核心素养

数学抽象、直观想象、数学建模

2. 落实核心素养教学实施建议

（1）借助情景图和生活中的事物，引导学生观察讨论，概括出角的概念，落实了数学抽象的核心素养。

（2）通过在生活中找角，做角，落实了直观想象的核心素养。

（3）学生从生活中抽象出角，建立角的模型，落实了数学建模的核心素养。

（三）第三单元信息窗二：《认识锐角、钝角》

1. 核心素养

直观想象、数学抽象、数学建模

2. 落实核心素养教学实施建议

（1）学生经历观察角、操作角、角的分类和比较等活动，抽象出锐角和钝角，落实数学建模的核心素养。

（2）通过观察、感知不同的角的特征，初步判断角的大小，落实直观想象的核心素养。

（3）通过分类比较揭示锐角、钝角、直角的关系，落实数学抽象的核心素养。

（四）第五单元窗三：《除法的意义》

1. 核心素养

直观想象、数学抽象、数学建模

2. 落实核心素养教学实施建议

（1）学生通过各种学具进行直观操作，主动参与"平均分"的过程，体会除法的两种意义，落实了直观想象的核心素养。

（2）通过救援小动物的情景，借助圈一圈、分一分的过程抽象出除法的两种意义，落实了数学抽象的核心素养。

（3）让学生经历操作、观察、思考、交流的过程，理解和掌握除法的意义，从而构建除法的意义的数学模型，落实了数学建模的核心素养。

二、聚类研究的概念课型

第五单元窗四：《认识平均分》

1. 核心素养

直观想象、数学抽象、数学建模

2. 落实核心素养教学实施建议

（1）学生通过"分"的过程，体会"平均分"的含义，落实了直观想象的核心素养。

（2）从分食物的具体情景中抽象出"平均分"的概念，落实了数学抽象的核心素养。

（3）让学生经历操作、观察、思考、交流的过程，理解和掌握平均分，从而构建平均分的数学模型，落实了数学建模的核心素养。

三、规律研究的概念课型

第六单元：《认识方向》

1. 核心素养

直观想象、数学抽象、数学建模

2. 落实核心素养教学实施建议

（1）借助情境图，引导学生发现问题、提出问题，联系实际，运用空间想象认识方向，落实了直观想象的核心素养。

（2）借助生活经验，感悟抽象出平面图上的方向，落实了数学抽象的核心素养。

（3）在认识生活中的方向和平面图上的方向时，借助游戏和生活经验进行感知的过程，落实了数学建模的核心素养。

基于核心素养下的小学数学课堂教学标准建设研究

——课型梳理（二年级下册）

一、分类研究的概念课型

（一）第二单元信息窗一：《千以内数的认识》

1. 核心素养

数学抽象、直观想象、数学建模

2. 落实核心素养教学实施建议

（1）通过学生动手操作，摆一摆、拨一拨，培养学生数感，落实了数学抽象的核心素养。

（2）通过借助摆一摆、数一数等活动体会一千有多大，使学生直观形象地看到个、十、百、千的模型，感受"大数"的存在，落实了直观想象的核心素养。

（3）通过动手操作，多媒体动态演示，经历从具体事物中抽象出数学模型的过程，落实了数学建模的核心素养。

（二）第二单元信息窗二：《万以内数的认识》

1. 核心素养

数学抽象、直观想象、数学建模

2. 落实核心素养教学实施建议

（1）通过学生动手操作，培养学生数感，借助实物表征以及对实物的计数，感悟数量抽象成数的过程，落实了数学抽象的核心素养。

（2）通过多媒体动态演示，体会一万有多大，使学生直观形象地看到个、十、百、千、万的模型，感受"大数"的存在，落实了直观想象的核心素养。

（3）通过动手操作，借助积累的生活经验及多媒体动态演示，经历从具体事物中抽象出数学模型的过程，落实了数学建模的核心素养。

（三）第七单元信息窗一：《认识多边形》

1. 核心素养

数学抽象、直观想象、数学建模

2. 落实核心素养教学实施建议

（1）在不同实物中让学生发现相同点并抽象出多边形，通过进一步动手操作总结出多边形特点，落实了数学抽象的核心素养。

（2）学生通过折一折、量一量等操作活动直观形象的认识多边形，落实了数学直观想象的核心素养。

（3）学生从实物中抽象出平面图形，对图形进行再拼组，让学生经历"物–形–物"的思维过程，落实了数学建模的核心素养。

二、聚类研究的概念课型

（一）第二单元信息窗二：《认识近似数》

1. 核心素养

直观想象、数学抽象、逻辑推理

2. 落实核心素养教学实施建议

（1）借助数轴，探索求近似数的方法，让学生直观感知，落实了直观想象的核心素养。

（2）借助情景图和实例，让学生认识感悟近似数，培养学生数感，落实了数学抽象的核心素养。

（3）在理解近似数概念时，通过大量例证类推近似数概念，落实了逻辑推理的核心素养。

（二）第二单元信息窗一：《毫米、分米的认识》

1. 核心素养

数学抽象、直观想象、数学建模

2. 落实核心素养教学实施建议

（1）在观察、操作、猜想中认识长度单位，学生发现、提出问题，落实了数据分析的核心素养。

（2）通过测量、验证活动，加深对毫米和分米的认识，培养学生的观察能力，落实了直观想象核心素养。

（3）通过数、画、量物体的长度形成表象，学生能用语言表达毫米与分米的认识，落实了数学建模的核心素养。

（三）第二单元信息窗二：《千米的认识》

1. 核心素养

逻辑推理、直观想象、数学建模

2. 落实核心素养教学实施建议

（1）以新旧知识的联系，利用迁移类推的方法，建立1千米的观念，落实了逻辑推理的数学素养。

（2）借助教材素材，充分发挥想象，培养学生空间观念，落实了直观想象的核心素养。

（3）联系生活实际，理解1千米的概念，落实了数学建模的核心素养。

基于核心素养下的小学数学课堂教学标准建设研究
——课型梳理（三年级上册）

一、分类研究的概念课型

第四单元窗二：《平移与旋转》

1. 核心素养

直观想象、数学抽象、数学建模

2. 落实核心素养教学实施建议

（1）通过直观操作活动，让学生用画图、动作、演示等方式表示平移和旋转，落实了直观想象的核心素养。

（2）让学生经历用自己的语言描述平移、旋转运动特点的过程，培养学生的数学抽象能力。

（3）学生经历提出问题–解决问题–建立模型–运用模型的过程，概括出运动特点，并能运用到实际生活，落实了数学建模的核心素养。

二、聚类研究的概念课型

（一）第一单元窗一：《克、千克、吨的认识》

1. 核心素养

数学抽象、数学建模、逻辑推理

2. 落实核心素养教学实施建议

（1）重视在活动中体验。通过让学生掂、称、背、抱，在具体活动中经历质量单位的构建过程，落实数学建模的核心素养。

（2）通过比较，加深理解克、千克、吨之间的联系，培养学生的逻辑推理能力。

（3）体感升华到数感。在多次估测、称量、等价转换中，形成对质量单位的定量刻画，培养了学生的数学抽象能力。

（二）第八单元窗一：《周长的认识》

1. 核心素养

直观想象、数学抽象、数学建模

2. 落实核心素养教学实施建议

（1）引导学生从"实物操作"到"形象感知"，再从"形象感知"到"抽象概念"，落实了数学建模的核心素养。

（2）感受"化曲为直"的数学思想。通过让学生估计、测量几种平面图的周长，培养了学生空间观念和数学抽象能力。

（三）第九单元窗一：《分数的初步认识》

1. 核心素养

数学抽象、直观想象、数学建模

2. 落实核心素养教学实施建议

（1）找准新知的"最近发展区"，从学生熟悉的"一半"入手，引导学生创造分数，培养学生的创新意识、数学抽象能力。

（2）加强直观教学。通过多媒体课件的演示及学生折纸等活动，培养学生的直观想象能力。

（3）在操作、观察、分析、比较等数学活动中经历产生分数概念的过程，建立"分数"的数学建模。

三、规律研究的概念课型

（一）第四单元信息窗一：《位置与方向》

1. 核心素养

数学抽象、直观想象、数学建模

2. 落实核心素养教学实施建议

（1）借助学生已有的生活与知识经验，让学生在具体的情境中操作、辨认、描述方向，在解决问题的过程中发展了学生的空间观念和数学抽象能力。

（2）在具体辨认方向时，引导学生"找观测点-画方向标-找方向"，用数学知识解决生活中的问题，落实数学建模的核心素养。

（二）第七单元信息窗一：《时、分的认识》

1. 核心素养

数学抽象、数学运算、数学建模

2. 落实核心素养教学实施建议

（1）整体认知、框架意识。帮助学生排除秒针干扰，使学生从"数"与"格"两个方面完成对钟面的建构，培养学生的数学抽象能力。

（2）在具体的情境中，通过直观认识、动手操作、交流归纳，进一步认识时间单位，落实了数学建模的核心素养。

（3）找准疑惑，有效引导。在快速数出大格和小格格数、计算钟面时间等难点处，及时引导学生总结算法，培养学生数学运算能力。

（三）第七单元信息窗三：《秒的认识和分与秒的关系》

1. 核心素养

数学抽象、数学建模、数学运算

2. 落实核心素养教学实施建议

（1）充分挖掘学生已有的生活经验，让学生在实际情境中感受秒、体验秒，建立秒的时间观念，经历从具体的事物中抽象出数学模型的过程。

（2）培养学生估算较短时间的能力。设计学生感兴趣的活动，让学生听音乐、做动作估计时长，然后计算验证，发展了数学运算的能力。

基于核心素养下的小学数学课堂教学标准建设研究

——课型梳理（三年级下册）

一、聚类研究的概念课型

（一）第二单元信息窗一：《对称》

1. 核心素养

直观想象、数学抽象、数学建模

2. 落实核心素养教学实施建议

（1）通过让学生看一看、找一找、折一折去发现对称轴，让学生在动手操作中掌握了轴对称图形的特点，落实了数学抽象的核心素养。

（2）学生借助课前准备的材料，自己想办法"做"或"画"一个轴对称图形。深化对数学概念的理解，落实了直观想象的核心素养。

（二）第七单元信息窗一：《小数的意义和读写》

1. 核心素养

数学抽象、数学建模、直观想象

2. 落实核心素养教学实施建议

（1）借助情境图中的内容安排学生进行实际调查，使学生在具体情境中认识小数，落实了数学抽象的核心素养。

（2）让学生通过画图把1元平均分成10份、100份，建构起小数与分数的联系。利用几何直观理解概念，落实了直观想象的核心素养。

（三）第五单元信息窗一：《面积和面积单位》

1. 核心素养

直观想象、数学抽象、数学建模

2. 落实核心素养教学实施建议

（1）创设情境，同样长的绳子分别圈一块地，谁圈的地大一些？让学生感知"面"和"线"是不同的。培养学生直观想象的核心素养。

（2）经历比较两个图形大小的过程，优化出小方框比圆形测量准确，统一面积单位。教学面积单位的大小联系生活实际认识，使学生对面积单位形成表象认识，落实了数学抽象的核心素养。

二、规律研究的概念课型

（一）第六单元信息窗一：《24时计时法》

1. 核心素养

数学抽象、数学建模、数学运算

2. 落实核心素养教学实施建议

（1）将弯曲的钟表刻度拉直成像尺子一样的"时间轴"，由两条"12时尺"变为一条"24时尺"，深化数感，培养了学生数学抽象的核心素养。

（2）经历画线段图、拨一拨、算一算的探究过程，把直观观察和线路图对应起来，并计算出经过时间，培养了学生数学运算的核心素养。

（3）充分利用生活资源，经历观察—分类—改写的过程，培养了学生数学建模的核心素养。

（二）第六单元信息窗二：《认识年、月、日》

1. 核心素养

数据分析、数学建模、数学运算

2. 落实核心素养教学实施建议

（1）出示不同年份日历，让学生经历数据的收集、整理、分析、和描述过程，落实了数据分析的核心素养。

（2）经历自主探索和合作交流，了解每月的天数及2月与平年、闰年的关系，培养了学生数学运算的能力。

（3）让学生经历提出问题—分析数据—解决问题—建立模型的过程，构建知识网络，落实了数学建模的核心素养.

基于核心素养下的小学数学课堂教学标准建设研究

——课型梳理（四年级上册）

一、分类研究的概念课型

（一）第一个信息窗：《万以上数的认识》

1. 核心素养

数学抽象、逻辑推理、数学建模

2. 落实核心素养教学实施建议

（1）结合具体情境，在认识万以内数的基础上，进一步认识"万、十万、百万、千万、亿"等计数单位，认识数位顺序表，了解十进制计数法，能正确地读万以上的数。

（2）以课本情景图为素材，联系学生生活经验，让学生经历数据分类研究的过程，形成大数的概念。

（3）通过数数、拨计数器等活动，让学生多次经历"满十进一"的过程，认识新的计数单位和数位，了解十进制计数法，认识数位顺序表。

（4）认识大数时，让学生在感悟中经历数据分类研究的必要性，抽象出大数；借助学生已有知识经验，通过数数、拨计数器等活动，类推由万以内的数向亿以内数的知识迁移，培养了学生的逻辑推理能力；根据学生原有读数经验，并结合分级思想，在学生的自主学习与合作探究中，总结出万以上数的读法法则，构建读数的模型思想。

（二）《直线、射线和角的认识》

1. 核心素养

直观想象、数学抽象、数学建模

2. 落实核心素养教学实施建议

（1）结合具体情境，使学生认识射线、直线和线段三个概念之间的联系和区别；根据情景建立角的概念，根据角的开口度区分角的大小。

（2）让学生对几组线的观察、比较，从相同中发现不同的特点，进行分类研究，归纳总结出射线、直线、线段三者的特点；角的教学中让学生对一组角的观察、比较，从角的相同中发现角的开口度不同的特点，进行分类研究，归纳总结出周角、平角、钝角、直角、锐角的大小及不同角的取值范围；

（3）通过画、比、量、做等丰富有效的实践活动，经历从具体事物中抽象出数学模型的过程，建立学生的数学模型思想。

（4）在认识直线、射线、线段三者的特点主要借助实物和图形表征进行观察操作形成图形表象；在认识角的特点中，学生根据已知角的开口度，区分角的大小，建立周角和平角的模型；感受数学知识与实际生活的联系，利用科学的眼光观察事物，培养学生的观察、比较、概括的初步能力以及空间观念和几何直观素养。

（三）《认识垂直》

1. 核心素养

直观想象、数学抽象、数学建模

2. 落实核心素养教学实施建议

（1）结合生活情境，让学生体验直线的垂直关系，理解互相垂直、垂线、垂足等概念，学会用三角尺、量角器等工具画已知直线的垂线。

（2）让学生对几组相交线观察、比较，从相同中发现不同的特点，进行分类研究，归纳总结出垂直的概念。

（3）通过观察、讨论、操作、交流等活动让学生去感知、理解、发现和认识新知。

（4）在认识垂直的过程中，能依据一定的标准进行分类活动，让学生体会分类思想（数学抽象素养）；通过直观操作活动，建立垂直概念模型，再回到生活中找垂直现象，培养应用模型的能力；学生主动参与观察、操作等学习活动，发展空间观念。

（四）《点到直线的距离》

1. 核心素养

直观想象、数学抽象、数学建模

2. 落实核心素养教学实施建议

（1）结合具体情境，让学生知道两点之间的距离和点到直线的距离。

（2）通过让学生设计修隧道的路线、从家到公路段水泥路等，从相同中发现不同，分类研究，探究新知。

（3）通过想一想、画一画、测一测和比一比等方法，知道两点之间线段最短、从直线外一点到这条直线所画的垂直线段最短。

（4）在对两点间的距离与点到直线的距离的探究过程中，培养学生观察、想象、动手操作的能力，发展空间观念；通过设置抢沙包的游戏，抽象成图，让学生有思考的观察，建立位置关系的表象，培养学生的直观想象和数学抽象的核心素养。

二、聚类研究的概念课型

（一）《认识平行》

1. 核心素养

直观想象、数学抽象、数学建模

2. 落实核心素养教学实施建议

（1）让学生结合具体情境，感知平面上两条直线的位置关系（相交和平行），掌握平行的概念，认识生活中的平行现象，会借助用三角板和直尺及其他工具画平行线。

（2）以交通中的几组线为素材，让学生观察、分类，感受不同的几组直线中的相同，经历材料聚类分析的过程，归纳概括平行的概念。

（3）通过画一画、观察、比较、交流，让学生充分感知，概括出直线的平行、相交的关系；在建立平行概念后，组织学生展开充分的操作活动，深化平行认识。

（4）在认识平行的过程中，能依据一定的标准进行分类活动，让学生体会分类思想（数学抽象素养）；通过直观操作活动，建立平行概念模型，再回到生活中找平行现象，培养应用模型的能力；使学生经历从现实空间中抽象出平行线的过程，培养学生的观察、操作、比较、想象能力，发展空间观念。

（二）《条形统计图》

1. 核心素养

数据分析、数学建模

2. 落实核心素养教学实施建议

（1）掌握数据收集和整理的方法，及1格代表多个单位的条形统计图，知道制作条形统计图的一般步骤和方法，会填制简单的条形统计图。

（2）借助真实有趣的情景激发学生参与统计活动的兴趣，从不同中发现相同，经历材料聚类研究的过程，学会绘制简单的条形统计图并分析数据。

（3）通过调查和收集数据，填写记录单，根据记录单填写统计表，绘制统计图，分析数据等活动体会统计的必要性和价值。

（4）在经历数据的收集、整理、分析和描述的过程中，通过有说服力的数据和材料，培养统计意识，发展学生的数据分析观念；通过整理数据等操作活动，感知条形统计图的模型，并能利用模型解决简单的实际问题，以此发展学生的模型思想。

基于核心素养下的小学数学课堂教学标准建设研究
——课型梳理（四年级下册）

一、分类研究的概念课型

（一）《三角形的认识》

1. 核心素养

直观想象、数学抽象、数学建模

2. 落实核心素养教学实施建议

（1）一级抽象：为学生提供不同包含有三角形的实物，引导学生发现不同实物的相同点并抽象出三角形。经历从"实物"到"图形"的抽象过程，直观感知"面"与"体"的关系，形成对三角形的感性认识，培养初步的观察、比较、抽象能力，培养空间观念。

（2）二级抽象：通过量一量、做一做、拼一拼、摆一摆等活动探索三角形的特征，抽象出三角形的特征，引导学生经历材料分类分析的过程，归纳并概括提炼三角形的定义，形成对三角形的理性认识，逐步发展空间想象力。

（3）完善认知：在认识三角形的基础上，通过操作活动，进一步认识三角形的底和高，形成三角形的完整概念。进行归纳总结，渗透模型思想。

（二）《三角形的分类》

1. 核心素养

数学抽象、数学建模、直观想象

2. 落实核心素养教学实施建议

（1）初步感知：为学生提供大量的三角形素材，在认识三角形图形的过程中，能够确定一定的标准（按边分类、按角分类）进行分类研究活动，让学生体会分类思想。

（2）按角分类分析：在探究特征中通过量一量、画一画、折一折、比一比操作活动，并通过生生、师生之间的讨论、交流、追问、质疑，探索按角分类各种三角形的特征。培养学生的模型思想。

（3）按边分类分析：引导学生经历材料分类分析的过程，得到按边分类三角形的类型，归纳总结等腰三角形、等边三角形的概念，发展学生的空间观念和模型思想，培养学生的抽象概括能力。

二、聚类研究的概念课型

（一）《小数的意义》

1. 核心素养

数学抽象、逻辑推理、数学建模

2. 落实核心素养教学实施建议

（1）初步感知：为学生提供生活中含有小数的数学素材，感受不同数据中的相同点，丰富学生对小数的初步感知。

（2）一级分类分析：观察素材提供的各种小数，进行比较分类，分别研究。通过小数与分数的比较，沟通小数与分数的内在联系，进行小数和分数之间转化，帮助学生理解"小数是十进分数的另一种表示形式"，渗透转化思想。借助学具，让学生充分地分一分、涂一涂、说一说，通过大量的操作、观察、分析等活动，逐步抽象出一位小数、两位小数、三位小数……的意义，培养学生逻辑推理能力和几何直观意识。

（3）二级聚类分析：对比一位小数、两位小数、三位小数……的意义，聚类分析提炼概括，抽象出小数的概念，回顾总结完成数学建模过程，培养学生模型思想。

（二）《平行四边形的认识》

1. 核心素养

直观想象、数学抽象、数学建模

2. 落实核心素养教学实施建议

（1）初步感知一级抽象：为学生提供不同包含有平行四边形的实物，引导学生聚类研究，发现不同实物的相同点并抽象出平行四边形。经历从"实物"到"图形"的抽象过程，直观感知"面"与"体"的关系，形成对平行四边形的感性认识，培养初步的观察、直观想象、抽象能力，发展学生空间观念。

（2）动手操作二级抽象：通过测量比较不同的平行四边形的边和角，探索平行四边形的特征，引导学生经历材料聚类分析的过程，归纳并概括提炼平行四边形的定义。培养学生抽象概括能力。

（3）完善认知：在认识了平行四边形特征的基础上，通过操作活动，进一步认识平行四边形的底和高，并联系生活实际，理解掌握平行四边形意义和特征，认识各部分名称，会画高。了解平行四边形和长方形正方形之间的关系。形成平行四边形的完整认知。并进行归纳总结，渗透数学模型思想。

（三）《梯形的认识》

1. 核心素养

直观想象、数学抽象、数学建模

2. 落实核心素养教学实施建议

（1）初步感知一级抽象：为学生提供不同的包含有梯形的实物，引导学生聚类研究，发现不同实物的相同点并抽象出梯形。经历从"实物"到"图形"的抽象过程，直观感知"面"与"体"的关系，形成对平行四边形的感性认识，培养初步的观察、直观想象、抽象能力，发展学生空间观念。

（2）动手操作二级抽象：通过测量比较梯形的边和角，探索梯形的特征，引导学生经历材料聚类分析的过程，归纳概括梯形的意义。培养学生抽象概括能力。

（3）完善认知：在认识了梯形特征的基础上，通过操作活动，聚类分析，进一步认识梯形的底和高，并联系生活实际，理解掌握梯形意义和特征，认识各部分名称，会画高。了解特殊的等腰梯形和直角梯形。形成梯形的完整认知。最后进行归纳总结，渗透数学模型思想。

（四）《认识平均数》

1. 核心素养

数据分析、数学建模

2. 落实核心素养教学实施建议

（1）阅读素材初步感知：为学生提供多个比较两组数据的整体水平的情境素材，引导学生阅读。

（2）聚类分析激发矛盾：引导学生经历聚类分析的过程，分析中找到诸多问题的共同点：用总数不能准确的比较两组数据的整体水平，从而激发学生的认知冲突。

（3）聚类分析提炼本质：通过说一说，议一议，算一算激发学生寻找更科学的评价标准，从而介入对平均数的认识。体会平均数能反映一组数据的整体水平。揭示平均数的定义，培养创新意识，感知建模过程，培养模型思想。

（4）数据分析解决问题：引导学生通过计算每组数据的平均数，完成数据分析过程，感受数据的统计分析在解决现实问题中的作用，培养数据分析观念。

三、规律研究的概念课型

（一）《用字母表示数》

1. 核心素养

数学抽象、数学建模

2. 落实核心素养教学实施建议

（1）初步感知：为学生提供材料感知，如厕所WC、肯德基KFC等，引导学生感知用字母表示事物的简洁性，形成初步的符号意识。

（2）引发猜想，探究规律：为学生提供具体情境，引导学生猜想：能不能用含有字母的式子表示任何时间的节水量？引导学生一步一步地从用图形表示到用自己喜欢的字母表示最后到统一格式一般用t表示时间，进一步发展了学生的符号意识和创新意识。在用字母表示数的过程中，引导学生得到用字母表示数的意义，抽象出字母与数——对应的规律，培养学生符号意识和抽象能力。

（3）试求含有字母的式子的值，提炼规律：学生对数据进行研究，抽象出概念：用字母可以表示数，也可以表示式子。在此基础上引导学生试着求含有字母的式子的值，交流的基础上归纳出求含有字母的式子的值的书写规律。

（4）回顾整理：引导学生体会符号产生的必要性和符号使用的意义，引导学生感受数学建模的过程，培养学生模型思想。

基于核心素养下的小学数学课堂教学标准建设研究
——课型梳理（五年级上册）

分类研究的概念课型

（一）《轴对称图形》

1. 核心素养

数学抽象、直观想象、数据分析

2. 落实核心素养教学实施建议

（1）通过展示图片，有轴对称图形也有不是轴对称的图形，引导学生进行分类研究，运用已学知识和生活经验进行数据分析，从而培养学生数学抽象的核心素养。

（2）通过思考图形相同点和不同点，引导学生充分探究、动手操作，总结概括命名，从而培养学生的抽象能力，落实直观想象的数学核心素养。

（二）《平移与旋转》

1. 核心素养

直观想象、数学抽象、数学建模

2. 落实核心素养教学实施建议

（1）通过引用生活中的实例，启发学生进行判断分类，引导学生尝试平移，从而培养学生的直观想象能力，落实数学建模的核心素养。

（2）通过折纸引导学生动手操作，探究旋转共同特点，带领学生旋转练习，落实数学抽象的核心素养。

（三）《方程的认识》

1. 核心素养

数学抽象、数据分析

2. 落实核心素养教学实施建议

（1）通过认识天平，引导学生根据状态列关系式，增强学生符号意识，从而培养学生建模能力，落实数学抽象的核心素养。

（2）通过观察等式，启发学生由是否含有未知数分类，抽象出方程的定义，从而培养学生总结概括能力，深化方程的理解，落实数据分析的核心素养。

（四）《因数和倍数》

1. 核心素养

数学抽象、数学运算、数据分析

2. 落实核心素养教学实施建议

（1）通过展示情境图提出问题，引导学生画图和列算式，深化学生对因数和倍数关系的理解，从而培养学生数学抽象的能力，落实数学运算的核心素养。

（2）通过练习找因数活动，启发学生使用乘除法，运用总结归纳因数的特征，落实数据分析的核心素养。

（五）《折线统计图》

1. 核心素养

数据分析、逻辑推理、直观想象

2. 落实核心素养教学实施建议

（1）通过展示统计表，人均公共绿地面积变化情况，引导学生画出条形统计图，落实数据分析的核心素养。

（2）通过观察条形统计图，引导学生发现条形统计图的局限性，进而启发学生了解折线统计图，概括对比两种图区别以及归纳优点，从而培养学生的直观想象能力，落实逻辑推理的核心素养。

基于核心素养下的小学数学课堂教学标准建设研究

——课型梳理（五年级下册）

一、分类研究的概念课型

《复式条形统计图、复式折线统计图》

1. 核心素养

数据分析、直观想象

2. 落实核心素养教学实施建议

（1）创设情境，为学生提供原始数据，小组合作，分类分析初步设计，经历数据分析整理的过程，使数据体现结构化，落实数据分析的核心素养

（2）通过描一描、画一画等动手操作，探究复式条形统计图和复式折线统计图的特点，落实直观想象的核心素养。

二、聚类研究的概念课型

（一）《长方体和正方体的认识》

1. 核心素养

直观想象、数学抽象、数学建模

2. 落实核心素养教学实施建议

（1）在不同的实物中让学生发现相同点并抽象出长方体和正方体，落实数学抽象的核心素养。

（2）通过动手操作看、摸、数、量归纳长方体面，棱，顶点的特征。通过测量比较长方体面、棱长，引导学生经历材料聚类分析的过程，归纳并概括提炼长方体的定义。由长方体迁移到正方体。落实直观想象的核心素养。

（3）抽象命名长、宽、高以及棱长形成长方体和正方体的完整概念。落实数学建模的核心素养。

（二）《分数的意义》

1. 核心素养

数学抽象、数学建模

2. 落实核心素养教学实施建议

（1）生活中感知分数，结合具体情境深刻认识单位"1"含义，落实数学抽象的核心素养。

（2）通过学生实践操作，创设分数，用语言描述分数，理解分数的意义，落实数学建模的核心素养。

（3）通过数一数感受分数"先分后数"，深刻认识分数单位，落实数学建模的核心素养。

（三）《公因数和最大公因数》

1. 核心素养

数学抽象、逻辑推理

2. 落实核心素养教学实施建议

（1）创设剪纸的情境，学生通过摆一摆，利用材料感知，寻找不同中的相同进行聚类分析，归纳提炼和抽象命名。在实例中抽象出概念，落实数学抽象的核心素养。

（2）通过活动让学生亲身体验，感受背景材料与概念之间的关系，在摆一摆的过程中学生对活动进行思考，经历思维的加工和概括提炼，落实逻辑推理的核心素养。

（四）《公倍数和最小公倍数》

1. 核心素养

数学抽象、逻辑推理、数学建模

2. 落实核心素养教学实施建议

（1）在具体的操作活动中，认识公倍数和最小公倍数，在集合图中分别表示两个数的倍数和它们的公倍数，找出它们的最小公倍数。落实数学抽象和数学建模的核心素养。

（2）在探索公倍数、最小公倍数等知识的过程中，积累观察、计算、归纳等教学活动经验，发展初步推理能力。落实逻辑推理的核心素养。

（五）《认识负数》

1. 核心素养

数学抽象、数学建模

2. 落实核心素养教学实施建议

（1）联系生活实例，在读写温度这一熟悉的生活情境中认识负数，抽象概括出正、负数的意义，落实数学抽象的核心素养。

（2）通过反复举例对比生活中两种相反意义的量，聚类研究，经历创造符号表示相反意义量的过程，扩大数的认识，建立正、负数的概念，落实数学建模的核心素养。

基于核心素养下的小学数学课堂教学标准建设研究

——课型梳理（六年级上册）

一、分类研究的概念课型

《事件发生的可能性》

1. 核心素养

数学抽象、数据分析

2. 落实核心素养教学实施建议

（1）通过列举生活中的大量事件，引导学生进行分类研究，运用归纳概括抽象命名，从而培养学生的抽象能力，落实数学抽象的核心素养。

（2）通过分析不确定事件中的材料感知，探究事件发生的可能性有大有小，培养学生的数据分析能力，落实数据分析的核心素养。

二、聚类研究的概念课型

（一）《圆的认识》

1. 核心素养

直观想象、数学抽象、数学建模

2. 落实核心素养教学实施建议

（1）有从古至今车轮的认识初步感知圆，抽象出圆与以前学的图形不同，落实数学抽象的核心素养。

（2）通过学生自己动手画圆，感受圆的特征，在交流中聚类研究圆的共同特征，抽象出圆心、半径和直径。落实数学抽象和数学建模的核心素养。

（3）通过折一折、画一画等动手操作探究半径和直径的特点，培养学生的空间观念，落实直观想象的数学核心素养。

（二）《比的意义》

1. 核心素养

数学抽象、逻辑推理、数学建模

2. 落实核心素养教学实施建议

（1）通过大量的实例有同类量的比也有不同类量的比，聚类提炼抽象出比的意义，落实数学抽象的核心素养。

（2）通过比与除法的关系的辨析理解比值的意义，落实数学逻辑推理的核心素养。

（3）通过联系实际生活解释比和比值的意义，深化比的理解培养学生的应用意识落实数学建模的核心素养。

（三）《百分数的意义》

1. 核心素养

数学抽象、逻辑推理

2. 落实核心素养教学实施建议

（1）由三个班近视情况扩到八个班，引出百分数的产生的必要性。让学生在创建百分号的过程中培养学生的符号意识，落实数学抽象的核心素养。

（2）聚焦实例理解百分数的内涵，抽象百分数的意义。有表示部分量与总量之间的关系的，有表示部分量与部分量之间关系的，提炼概念内涵的过程培养了学生的总结归纳能力，落实数学抽象和逻辑推理的核心素养。

（3）通过实例比较百分数、分数、除法之间的关系，构建知识体系，落实逻辑推理的数学核心素养。

基于核心素养下的小学数学课堂教学标准建设研究

——课型梳理（六年级下册）

一、聚类研究的概念课型

（一）《圆柱的认识、圆锥的认识》

1. 核心素养

数学抽象、直观想象、数学建模

2. 落实核心素养教学实施建议

（1）出示大量立体实物，抽象出立体图形，落实数学抽象和直观想象的核心素养。

（2）通过看一看、数一数、摸一摸、滚一滚、指一指、比一比等活动，让学生亲身经历、感知圆柱、圆锥各个面的不同，探索圆柱的特征与圆锥的特征，培养学生的空间观念，落实直观想象的数学核心素养。

（3）由圆柱的探究过程迁移到圆锥的探究，建立研究立体图形的模型，落实数学建模的核心素养。

（二）《比例的意义》

1. 核心素养

数学抽象、逻辑推理、数学建模

2. 落实核心素养教学实施建议

（1）由多个不同的实例聚类共同之处都有两个比相等，初步建构比例的意义，落实数学抽象的核心素养。

（2）在具体情景下探究比例的特征，深化对比例的理解，培养学生的总结归纳能力，落实逻辑推理的核心素养。

（3）通过判断是否能组成比例，建立解决问题的模型，培养学生的应用意识，落实数学建模的核心素养。

（三）《比例尺》

1. 核心素养

数学抽象、数学建模、逻辑推理

2. 落实核心素养教学实施建议

（1）通过学生画一画，应用比较、辨析"像与不像"初步感知比例尺的意义，培养学生的抽象能力，落实数学抽象的核心素养。

（2）通过多个材料类比深化比例尺的意义及求法，培养了学生的数学推理能力，落实逻辑推理的核心素养。

（3）由数字比例尺引出线段比例尺，让学生亲身经历将实际问题抽象成数学模型，并能解释和应用，注重了学生知识建构的过程，提高学生的应用意识，落实数学建模的核心素养。

（四）《扇形统计图》

1. 核心素养

数据分析、数学抽象、数学运算

2. 落实核心素养教学实施建议

（1）通过学生独立创建统计图，聚类这些图的共同之处都是用一个图表示总量，用它的一部分表示部分量，从而抽象出扇形统计图的意义，落实数学抽象的核心素养。

（2）通过扇形统计图中数据的分析，能够找出必要的信息，提高分析问题的能力和抽象思维的能力，落实数据分析和数学抽象的核心素养。

（3）应用扇形统计图解决实际问题培养学生的运算能力，落实数学运算的核心素养。

二、规律研究的概念课型

（一）《正比例的意义》

1. 核心素养

逻辑推理、数学抽象、数学建模

2. 落实核心素养教学实施建议

（1）由事例探究变量与不变量，引发学生猜想，通过计算验证猜想，总结归纳得出结论，培养学生的推理能力，落实逻辑推理的数学核心素养。

（2）由多个实例总结提炼出正比例的意义，落实数学抽象的核心素养。

（3）应用正比例的意义描述生活中量与量之间的关系建立正比例关系的模型，落实数学建模的核心素养。

（二）《反比例的意义》

1. 核心素养

逻辑推理、数学抽象、数学建模

2. 落实核心素养教学实施建议

（1）由正比例关系的两种量变化表格中的变量与不变量，放手让学生探究两种量的关系，培养学生迁移类推的能力，落实逻辑推理的数学核心素养。

（2）学生通过实例概括总结反比例的意义培养学生的抽象能力，落实数学抽象的核心素养。

（3）让学生判断生活中的反比例关系，提炼反比例关系的模型，落实数学建模的核心素养。

第二节　概念课型课堂教学模式

基于核心素养下的小学数学概念课教学模式是山东省基础教育改革项目《基于核心素养下的小学数学课堂教学标准建设研究》的重要组成部分，是"概念课""规律课""运算课""巩固课""复习课"五类课型中的基础课型，是对小学课堂教学标准建设研究的初探。

经过项目组成员和所有实验教师的努力，初步总结出基于核心素养下的小学数学概念课课堂教学模式：

一、提供素材，感知概念

数学概念是用数学语言对研究对象的高度概括，能够有效反映研究对象的本质特性，是学生学习的基础。小学生由于年龄较小，对概念的理解能力有待提高，因此要采用丰富多彩教学方法展开教学，将呆板的概念变得生动形象起来。因此要从生活情境中抽象出数、数量关系或几何图形，从而提出数学问题，整合相关信息，使其在分析数据过程中提升符号和应用意识等核心概念，从而落实数学核心素养。

二、实践操作，探究概念

概念的获得是学生经过分析、综合、比较、抽象、概括的成果。课堂教学中，教师将学生作为主体，提高学生动手操作与实践能力，使他们自己获得并掌握知识。在感知概念的基础上，让学生经历独立观察思考、小组互动、合作交流的过程，通过实践与操作，初步形成表象概念，发展学生的模型思想、空间观念和应用意识。

三、感受特性，抽象概念

在探究概念的基础上，初步学会应用数学的思维方式去观察、分析，亲历将数、数量关系或几何图形用数学语言表达出来，即用数学语言抽象出数学概念，完成概念的模型构建过程，提升其分析、推理和概括能力，培养学生的数学抽象、模型的数学核心素养，帮助学生实现由"表象概念"向"本质概念"的深入，促使概念清晰化。

四、解决问题，运用概念

在解决问题的过程中，让学生进一步理解概念的意义，感受在解决实际问题中的作用和价值，问题设计结合学生生活，使学生真切感受到数学来源于生活，又服务于生活，培养学生全面分析问题的意识。

附：概念课课堂教学标准流程图

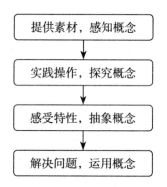

总之在概念教学过程中，从生活中获取数学信息、发现问题，提出问题；在教师引导下，学生自主探究、操作实践，探究概念；通过描述概念，感受概念特性，形成认知，构建模型；应用概念，解决问题。使学生在学习概念知识中形成应用和创新意识、数感和符号意识、推理和模型思想等核心素养，从而全面落实立德树人的教育根本任务。

第三节　概念课型课堂教学标准

项目组通过广泛听、评课，针对小学阶段概念课课堂教学，提炼数与代数、几何与图形、统计与概率三大领域的概念课教学特点，制定出概念课课堂教学标准，包括教师教的标准、学生学的标准和评价标准。

教师教的标准分为教学设计、教学活动两个维度。教学设计分为教材分析与核心素养，学情分析与核心素养，教学目标和课堂教学规划四个评价指标；教学活动分为教师活动，设计意图，教学效果，教学评价四个评价指标。教师的课堂教学表现划分为优秀、良好、合格三个层级，由此制定出以下标准。（运算课、规律课下同）

教师教的标准

评价维度	评价指标	水平层级		
		优秀	良好	合格
教学设计	教材分析与核心素养	对教材有纵向和横向的分析，知识结构脉络清晰；深入研读课程标准，了解教材的编排依据；统观相关概念教学内容，整体把握教材结构；挖掘教材中蕴含的数学思想方法和关键能力；将概念课教学内容与数学核心素养恰当对接。	对教材基本有纵向和横向的分析；能研读课程标准，了解教材的编排依据；能整体把握相关概念课的教学内容结构；能基本挖掘教材中蕴含的数学思想方法和关键能力；将教学内容与数学核心素养有效对接。	对教材没有纵向和横向的分析；能了解教材的编排依据；能把握相关概念课的教学内容、教材结构；不能将教学内容与数学核心素养有效对接。

续 表

评价维度	评价指标		水平层级		
			优秀	良好	合格
教学设计	学情分析与核心素养		明确本节课需要培养的核心素养要点，掌握本班学生已有生活经验、心理特点、认知发展水平，找准学生学习起点。	基本明确本节课需要培养的核心素养要点，能了解本班学生已有生活经验、心理特点、认知发展水平。	能了解本节课需要培养的核心素养要点，能了解本班学生已有生活经验、心理特点。
	教学目标		教学目标明确，符合课程标准，概念知识、数学能力和价值观念等目标描述科学、准确、严谨、全面，充分落实核心素养。	教学目标基本明确，能符合课程标准，概念知识、数学能力和价值观念等目标描述科学、准确、规范，部分落实核心素养。	教学目标不够明确，不符合课程标准，概念知识、数学能力和价值观念等目标描述不够规范，没有落实核心素养。
	课堂教学规划	提供素材，感知概念	1. 素材能承载概念教学内容，做到"单而丰""整而优"。 2. 能激发学生的学习兴趣，调动学生潜能。 3. 能激发学生深度思考，体现数学价值。	1. 素材能承载概念教学内容，基本做到"单而丰""整而优"。 2. 能激发学生的学习兴趣，调动学生潜能。	1. 素材基本能承载概念教学内容，素材单一。 2. 基本能激发学生的学习兴趣，调动学生潜能。
		实践操作，探究概念	1. 充分调动多种感官参与探究概念的实践活动，创设充足的探究空间。 2. 活动设计有效，能激发学生的探究欲望。 3. 教师给学生适时点拨，激活学生思维。	1. 能调动多种感官参与探究概念的实践活动，创设探究空间。 2. 活动设计基本有效，能激发学生的探究欲望。 3. 教师能给学生点拨，能激活学生思维。	1. 基本能调动感官参与探究概念的实践活动，创设探究空间。 2. 活动设计效果低，不能激发学生的探究欲望。 3. 教师能给学生点拨。
		感受特性，抽象概念	1. 巧设问题，引发学生深度思考聚焦概念的内涵。 2. 能引发学生描述概念，理解概念本质。 3. 抽象概念，构建模型。	1. 设计问题，引发学生思考，聚焦概念的内涵。 2. 能引发学生描述概念，理解概念。	1. 设计问题单一，可引发学生思考。 2. 只能引发学生描述概念。

评价维度	评价指标		水平层级		
			优秀	良好	合格
教学设计	课堂教学规划	解决问题，运用概念	1.通过解决问题理解概念的内涵，认识概念的原型。 2.通过辨析概念，理解概念的外延。 3.通过分层练习，积累解决问题的经验。	1.通过解决问题基本理解概念的内涵。 2.通过辨析概念，基本理解概念的外延。 3.通过分层练习，能积累解决问题的经验。	1.通过解决问题基本理解概念。 2.通过辨析概念，基本理解概念。 3.通过分层练习，能解决问题。
教学活动	教师活动		提问要适度、适当、有深度、注重启发、面向全体；探究概念目的明确、过程真实、方法科学、调控进度；及时引导、交流提炼、生成概念；解决问题，拓展适当，促进学生知识与能力的发展，充分落实核心素养。	提问要适度、适当、有启发、能面向全体；探究概念目的基本明确、过程真实、方法科学；能及时引导、交流提炼、可以生成概念；解决问题，能拓展适当，促进学生知识与能力的发展，部分落实核心素养。	提问要适度、适当；探究目的不明确、过程真实、方法科学；未能及时引导、交流提炼、基本生成概念；解决问题，拓展不够适当，未能促进学生知识与能力的发展，没有落实核心素养。
	设计意图		深刻领会核心素养内涵，对照概念课型梳理表，依据核心素养教学实施建议，进行个性化添加，科学开展教学设计。	领会核心素养内涵，对照概念课型梳理表，依据核心素养教学实施建议，可以开展教学设计。	了解核心素养，对照概念课型梳理表，依据核心素养教学实施建议，能开展教学设计。
	教学效果		能充分完成本课任务、达到预设目标，有效解决相关问题，培养数学能力，内化概念新知，提升学生的核心素养，形成正确的价值观念。	能基本完成本课任务、达到预设目标，能解决相关问题，培养数学能力，可理解概念新知，部分提升学生的核心素养，基本形成正确的价值观念。	不能完成本课任务、达到预设目标，仅解决部分相关问题，没有培养数学能力，不能理解概念新知。
	评价		教师对学生的表现能适时评价，评价方式多样、评价语言丰富，对课堂教学起到反馈和调控作用。	教师对学生的表现能评价，评价方式单一、评价语言简单，对课堂教学可起到反馈和调控作用。	教师对学生的表现不能评价，不能对课堂教学起到反馈和调控作用。

学生学的标准根据课堂教学的四个环节划分为四个评价维度，把学生的学划分为优秀、良好、合格三级评价指标，由此制定出学生学的标准。（运算课、规律课下同）

学生学的标准

教学环节	评价维度	评价指标		
		优秀	良好	合格
第一环节	发现问题，提出问题	1.学生能在具体的生活情境中迅速发现数学信息，并熟练对数学信息进行重组从而提出数学问题。 2.根据提出的问题，能精准分类并提炼本节概念课需要解决的问题。	1.学生能在具体的生活情境中发现数学信息，并对数学信息进行重组从而提出数学问题。 2.根据提出的问题，能分类并提炼本节概念课需要解决的问题。	1.学生能在具体的生活情境中发现数学信息。 2.根据数学信息提出数学问题。
第二环节	独立思考，合作交流	1.学生有独立思考问题的能力，并会用语言准确描述自己的观点。 2.在小组内善于描述自己的观点，认真倾听他人的观点并积极思考，修改完善自己的观点。 3.通过汇报交流有效理解新概念。	1.学生有思考问题的能力，并会用语言描述自己的观点。 2.在小组内描述自己的观点，能倾听他人的观点，修改自己的观点。 3.通过汇报交流基本理解新概念。	1.学生能思考问题，基本会用语言描述自己的观点。 2.在小组内描述自己的观点，能倾听他人的观点。 3.通过汇报交流基本了解新概念。
第三环节	提炼内涵，描述概念	1.学生通过多种形式的训练对概念的掌握从探究到内化，形成确切的数学概念。 2.加深对概念的理解，理解概念的名称、定义、内涵、外延。 3.从而实现由"表象概念"向"本质概念"的深入,促使概念清晰化。	1.学生通过训练对概念的掌握从探究到内化，初步形成确切的数学概念。 2.能理解概念的名称、定义。 3.能实现由"表象概念"向"本质概念"的基本深入,概念基本清晰。	1.学生通过训练对概念的掌握，没有形成确切的数学概念。 2.仅能理解概念的名称、定义。 3.没有实现由"表象概念"向"本质概念"的深入,概念不清晰。

续 表

教学环节	评价维度	评价指标		
		优秀	良好	合格
第四环节	内化新知，拓展应用	1.学生运用概念解决实际问题，培养分析问题和解决问题的能力。2.进一步理解概念的意义，感受在解决实际问题中的作用和价值。3.培养学生全面分析问题的意识，使数学核心素养充分落实。	1.学生基本能运用概念解决实际问题，能培养分析、解决问题的能力。2.进一步理解概念的意义，感受在解决实际问题中的作用和价值。3.使数学核心素养部分落实。	1.学生不完全能运用概念解决实际问题，未能培养分析、解决问题的能力。2.没有理解概念的意义，感受在解决实际问题中的作用和价值。3.数学核心素养没有落实。

课堂教学评价标准分为教学目标、教学活动、教学效果三个维度。教学目标划分为知识与技能，数学思考，解决问题，情感态度四项评价指标；教学活动从探究与点拨，交流与归纳，生成与掌控，评价与反思四项评价指标；教学效果从掌握必备知识，培养关键能力，体现核心价值三项评价指标。把课堂教学分为优秀、良好、合格三个层级，由此制定出以下评价标准。（运算课、规律课下同）

课堂教学评价标准

评价维度	评价指标	水平层级		
		优秀	良好	合格
教学目标	知识与技能	1.能结合具体情境理解概念的内涵。2.引导学生手脑并用，在自主探索、合作交流、动手实践中经历概念知识的形成过程。3.熟练运用概念，解决实际问题。	1.能结合情境理解概念。2.引导学生在自主探索、合作交流、动手实践中经历知识的形成过程。3.运用概念，解决实际问题。	1.能结合情境了解概念。2.基本能引导学生在自主探索、合作交流、动手实践中经历概念知识的形成过程。3.能解决实际问题。

续 表

评价维度	评价指标	水平层级		
		优秀	良好	合格
教学目标	数学思考	1.学生能自己寻求解决问题的方法，主动获取概念课的基础知识、基本技能，发展逻辑思维能力。 2.能结合具体情境探索概念本质，发展推理能力。 3.能用语言描述概念。	1.学生能寻求解决问题的方法，获取概念课的基础知识、基本技能。 2.能结合情境探索概念，发展推理能力。 3.能用语言描述概念。	1.学生能寻求解决问题的方法，获取概念课的基础知识。 2.能结合情境理解概念。
	解决问题	能结合概念课的具体情境提出问题、分析问题、解决问题。	能结合概念课的情境提出问题、分析问题、解决问题。	能结合概念课的情境提出问题、解决问题。
	情感态度	1.能积极参与数学概念探究活动，对数学有强烈的求知欲，增强获取数学知识的信心。 2.体会数学概念知识与生活的密切联系，感受学习数学概念的必要性。	1.能参与数学概念探究活动，对数学有求知欲，有获取数学知识的信心。 2.体会数学概念知识与生活的联系，感受学习数学概念的必要性。	1.能参与数学概念探究活动。 2.体会数学概念知识与生活的联系。
教学活动	探究与点拨	1.师生探究概念本质的目的明确、过程真实、方法科学。 2.教师调控进度，面向全体，及时指导，解惑答疑。	1.师生探究概念本质的目的明确、过程真实。 2.教师调控进度，及时指导，解惑答疑。	1.师生探究概念本质的目的基本明确、过程真实。 2.教师能调控进度，适当指导，解惑答疑。
	交流与归纳	1.师生积极互动，参与交流概念的本质。 2.教师适时归纳、提炼概念，形成富有价值的成果。	1.师生能够互动，参与交流概念的本质。 2.教师能归纳、提炼概念，形成有价值的成果。	1.师生能够互动，参与交流概念的本质。 2.教师能归纳概念，形成成果。
	生成与掌控	研究概念时，学生积极思考，勇于质疑；教师能灵活驾驭教学，正确处理教学活动中的生成性问题，促进师生共同成长。	研究概念时，学生能思考，能质疑；教师能驾驭教学，能处理教学活动中的生成性问题，促进师生共同成长。	研究概念时，学生能思考；教师基本能驾驭教学，不能处理教学活动中的生成性问题。

续 表

评价维度	评价指标	水平层级		
		优秀	良好	合格
教学活动	评价与反思	1.在探究概念的过程中，教学评价时机得当，评价方式多样，科学客观，能根据评价调整教学进度，改进教学方法。 2.学生的兴趣、态度、意志、合作、分享等非智力因素得到培养，充分落实核心素养。	1.在探究概念的过程中，教学评价得当，科学客观，能根据评价调整教学进度，改进教学方法。 2.学生的兴趣、态度、意志、合作、分享等非智力因素得到培养，基本落实核心素养。	在探究概念的过程中，教学评价得当，能调整教学进度，改进教学方法。
教学效果	掌握必备知识	完成教学任务，掌握必备概念知识，达到预定目标。	完成任务，掌握概念知识，达到目标。	基本完成任务，能够掌握概念知识。
	培养关键能力	完成教学任务，在探究生成概念时，使本节课所体现的数学抽象、数学建模等关键能力得到较大提高。	基本能完成教学任务，在探究生成概念时，使本节课所体现的数学抽象、数学建模等关键能力得到提高。	基本能完成教学任务。
	体现核心价值	完成概念课的教学任务，有效培养学生的理性思维、科学精神，帮助学生形成正确的人生观、价值观、世界观。	能完成概念课的教学任务，能培养学生的理性思维、科学精神。	基本能完成概念课的教学任务，能培养学生的理性思维。

第四节　概念课型典型课例及分析

为了展示基于核心素养下的小学数学概念课型课堂教学标准，特从数与代数和几何与图形两大领域中各选一节典型课例进行详细阐述。

《分数的意义》教学设计

平原县龙门办东关小学　刘洪彦

【教材分析与核心素养】

《分数的意义》是青岛版小学数学五年级下册第二单元窗一的教学内容，它是在学生初步认识分数的基础上系统学习的，也是把分数的概念由感性上升到理性的开始。分数的意义是今后学习分数四则运算和分数应用题的重要前提，对发展学生的思维能力有着重要作用。本课教学中进一步扩大平均分的范围：认识单位"1"可以是一个物体或一些物体，理解单位"1"，落实数学抽象的核心素养；通过对单位"1"的认识，感悟分数的意义，创造分数，深入掌握分数的本质，落实数学建模的核心素养。

【学情分析与核心素养】

虽然学生在三年级时对分数有了初步的了解，但分数的意义对于小学生来说仍是一个比较抽象的概念，本课设计淡化形式，注重实质。让学生经历分数的意义建构过程，进一步培养学生的抽象和概括能力。进一步体会分数的意义学习过程的探索性，获得成功的体验。

【教学目标】

知识与技能：结合生活实例，在说一说、分一分、画一画等活动中感悟单位"1"的含义，理解分数的意义。经历分数的意义建构过程，进一步培养学生的抽象能力。

过程与方法：在操作、观察、比较中培养学生的动手操作能力和抽象概括能力。

情感态度与价值观：学会用分数描述生活中的事情，感受数学与生活的密切联系，发展应用意识。获得成功、愉悦的情感体验，激发对数学的兴趣和探索欲望。

【教学重点】

建立单位"1"的概念，能从具体实例中理解分数的意义。

【教学难点】

建立单位"1"的概念，理解分数的意义

【教学过程】

第一环节：提供素材，感知概念

很高兴和我们的同学一起上课。老师还给大家带来了礼物呢！想知道是什么吗？老师把图片带来了，看。（出示小蛋糕）要把它奖励给今天课堂表现最积极的4位同学。可是，怎样分，大家才满意呢？

生：想

生1：把蛋糕分成4份，每人分得其中的一份。

生2：把蛋糕平均分成4份，每人分得其中的一份。

师：这个同学强调了一个非常重要的词"平均分"，其中的一份用分数怎样表示？

生：$\dfrac{1}{4}$

$\dfrac{1}{4}$表示什么意思？

4表示什么意思？叫作…

1表示什么意思？叫作…

师：每人分得这块蛋糕的1/4，看，这一小块蛋糕和（整个蛋糕）四块蛋糕之间有一种什么样的关系呢？

生：倍数关系

今天我们就从这种关系中进一步认识分数这个老朋友。（板书：分数）

设计意图（落实核心素养）

在本环节中，从学生最感兴趣的生活情境进入，以"把蛋糕奖励给4位同学，怎么分大家才都满意"这样一个生活中的话题，抽象出数学问题，激发学生的探索欲望，体现数学来源于生活，调动学生已有的认知经验。对单位"1"及分数的概念在生活中有了初步的感知。

第二环节：实践操作、探究概念

你们能否利用桌上的材料折一折、分一分、画一画，表示他们的四分之一。

1.理解一个物体的$\dfrac{1}{4}$

学生在回答问题的时候可引导学生多说：你是把谁平均分？分成了几份？表示其中的几份就是$\dfrac{1}{4}$？

（1）一个图形的$\dfrac{1}{4}$（师纠正表示其中的一份就是$\dfrac{1}{4}$，它是指谁的？）

生1：把一个圆形纸片对折两次平均分成4份，其中的一份就是它的$\dfrac{1}{4}$。

（2）1米长线段的$\dfrac{1}{4}$怎样表示？

生2：把线段对折两次就是把线段平均分成4份，表示其中的一份就是$\frac{1}{4}$。

师：板书一个物体，一个计量单位（都用自然数1来描述的）

2. 理解一个整体的$\frac{1}{4}$

师：那多个物体你还能表示它的四分之一？我们一起来试一试吧。课件温馨提示：请同学们先分一分；再在学习纸上分一分，画一画找出四分之一。

（1）4个曲别针的$\frac{1}{4}$怎样表示？

小组汇报：

生1：把4个曲别针平均分成4分，取其中的一份就是它的1/4。

师：4根曲别针能用1来描述吗？

（教师加以引导适时把4根曲别针放在一个盒子里）

生2：一个整体，

师：你的语文功底真不错，用一个词"整体"就把4根曲别针描述出来了。

师：说一说，你们小组是怎样画的？你们有什么建议？

师：怎么一眼看出它是一个整体呢？

生3：画一个图形把他们圈起来，现在就很容易看出他是一个整体。

师：你真是一个有创意的孩子。

师：同学们举起你的右手一起描述一下，我们把4根曲别针看作一个整体，谁再说说曲别针怎么表示它的四分之一？

生4：把4根曲别针看作一个整体，平均分成4份，其中的一份就是它的$\frac{1}{4}$。

师：你真是一个会倾听的孩子，看来，把4个曲别针看成一个整体就能表示它的$\frac{1}{4}$。

（2）你还用什么表示了1/4？（他们是指谁？这个整体）

生5：我们把8块糖果看成一个整体，把他们平均分成了4份，每份是它的$\frac{1}{4}$。

师：你是怎样画图的？（引导正确的画法）它们的1/4是多少块糖果？

师：这么糖果也能表示1/4，你可真不简单。这8块泡泡糖的1/4是几块？

生6：2块

（3）还有哪个小组想展示？

生7：我们把12块糖果看成一个整体，把这个整体平均分成4份，每份是它的1/4。

生8：3块

设计意图（落实核心素养）

本环节抓住了新旧知识的连接点和生长点，利用学生已有的经验，顺学而导，通过图形表征和语言表征的对照，借助几何直观，把抽象的概念变得简明，形象，促进了学生从一个物体的1/4到多个物体的1/4的认知拓展。通过直观认识一个物体到多个物体的1/4过程性动态建构，实现知识的自然生长。

第三环节：感受特性、抽象概念

1.抽象概括单位"1"

师：刚才这几位同学在描述4个曲别针，8个糖果。12个糖果还是1个物体吗？和刚才的自然数1还一样吗？

生1：一个整体

生2：不一样，原来指一个物体现在指多个物体组成的整体

1的内涵变得更加丰富了，（给1加引号）为了表示它的特殊性，我们给它加了引号。他们就像一个计数单位一样，称为单位"1"（板书：单位"1"）

引导学生描述刚才的几幅图的单"1"分别是谁？你能举出这样的单位"1"吗？

生：单位"1"是一个蛋糕。

生2：单位"1"是一条1米的线段。

生3：单位"1"是4根曲别针。

生4：单位"1"是8块糖果。

师：顺势追问：这样继续下去能举完吗？

生：举不完

看来这个单位"1"真是无所不包。世界万物，小到一粒沙砾、大到整个宇宙空间，我们想研究谁就把谁看成单位"1"。

2. 分数的意义

（1）掌握单位的"1"的1/4

师：我们回头看，刚才我们得到的这几幅图片，为什么单位"1"不同，其中的一份都用1/4表示呢？

生1：都是把单位"1"平均分成4份，表示其中的一份，用1/4来表示。

师：继续问：看来1/4和把什么看作单位"1"有关系吗？也是只要怎样就能得到1/4？

生2：没有关系。

生3：把单位"1"平均分成4份，表示其中的一份，用1/4来表示。

师：你的思维真敏锐一下就抓住它的本质，也是说和分数和单位"1"是谁，什么形状没有关系。都表示了其中一部分和单位"1"之间的关系。

师：他们的单位"1"都是糖果，一份也都用1/4来表示，怎么它是2块，它是3块呢？

生4：单位"1"具体的数量不同。

（2）创造分数，深入感知分数概念

看，分数就在把单位"1"平均分一分的过程中悄悄地诞生了，那2份，3份又怎样表示呢？

让我们动手创造分数吧。课件展示：12块糖果3块一份，平均分成4份，表示其中的一份就是1/4，像这样，分一分、画一画你能从中发现哪些其他分数？

小组汇报

生：我把这些糖果分成了6份，我找到了六分之一、六分之二等等。

生：我把这些泡泡糖分成了3份，我找到了三分之一、三分之二等等。

……教师顺势板书学生找到的分数。

师：同样是把12个长方形看作单位"1"为什么可以得到这么多不同的分数？

（课件展示）

生：平均分的份数不同。

师：同学仔细观察这几个分数什么变了，什么没有变化？

生：分母变了

生：平均分的份数

师：追问：什么引起了分母的变化？也就是说分母表示？

师：还可以把单位"1"平均分成多少份？分的完吗？用一个词形容（板书：若干份）

生：分不完

生：若干份

生：因为平均分的份数不同。

生3：取得份数不同（表示的份数不同）平均分的份数是分母，表示的份数是分子

师：把单位"1"平均分的份数不同产生不同的分数，那平均分的份数相同呢？

都平均分成4份，为什么也能得到不同的分数呢？

师：同学们在平均分的过程中都找到了自己想要的分数，根据这个过程说来说一说到底什么是分数？（多个学生描述）

生5：把单位"1"平均分成若干份，其中的一份或几份的数。

3. 认识分数单位

师：为什么单独把一份拿出来呢，有什么重要性吗？

师：带着这个问题我们来看同学们找到的这些分数，其中每一行里都有一个很重要的分数，你觉得是谁？

师：为什么？

生：其他的分数是 $\dfrac{1}{4}$ 累加的

师：1生2，2生3，他们也像一个计数单位一样，你们觉得叫什么？

生：分数单位。

师：仔细观察，发生了什么变化。

生：变成了一条线段

计数单位的累加产生了整数，1生2，2生3，数学上有一生万数的说法，看分数和整数悄悄地联系在一起了。

你知道吗，其实分数就有记录，让我们一起走进分数的历史长廊中了解一下吧！请看大屏幕。

设计意图（落实核心素养）

紧紧抓住单位"1"这个重点，引导学生理解，只要把谁平均分了，谁就是单位"1"，它可以是1个物体，也可以是多个物体组成的整体。理解分数是在平均分的基础上产生的。培养学生数学抽象的核心素养。

充分发挥学生的多种感官参与学习，让学生在观察，思考，概括，交流评价等活动中进一步理解并主动获取概念知识。学生在分数概念的形成中感悟抽象归纳的数学思想。落实数学建模的核心素养。多个直击问题本质的问题使分数在孩子的心中慢慢长大，原来分数分数，就是先分后数。

第四环节：解决问题、运用概念

师：分数很有趣吧，分数在我们的身边比比皆是，一起看我们生活中的分数

（1）课前同学们数的"分数"个数还记得吧。

（2）教室里的分数：让其中2名同学起立，你想到了哪个分数？

回顾本节课的收获。

设计意图（落实核心素养）

结合本节课所学的知识设计，具有知识性，开放性的活动，使学生对数学知识的学习富有亲切感，并且意识到数学与生活密切相关，从而激发学生学习数学的兴趣。

【概念课教学流程图】

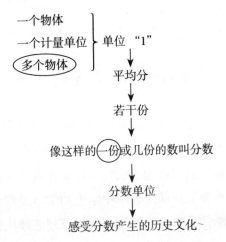

【教学反思】

分数的意义是小学数学教学中的重要内容，是数意义的一次拓展，是学生进一步学习数学所必备的基础知识。在学生系统认识了小数和初步认识了分数的基础上，授课教师着力引导学生由感性认识上升到理性认识，从而概括分数的意义。

综观整个教学过程，这节课较好地体现了"教师教学应该以学生的认知发展水平和已有的经验为基础"，"引导学生独立思考、主动探索、合作交流，使学生理解和掌握基本的数学知识与技能，体会和运用数学思想与方法，获得基本的数学活动经验"的课程理念。在本节课，借助形象、直观的图理解单位"1"的概念，解释分数的意义，感悟分数单位的内涵，把握分数表示现实问题中量与量之间的关系，也就是部分与整体的关系。

几何直观在抽象概念的教学中凸显它的意义，抓住小学生的心理和教材内容的特点，在教学中为学生创设了一个生动活泼的、主动的和富有个性的学习过程；充分运用直观演示、实践操作，并结合学生个性化的表达呈现，让学生展示丰富多彩的分数，为抽象、概括分数的意义提供丰富的感性支持。

通过活动"画图举例、平均分、涂色、表达"这样一系列的活动让每个学生都经历"分"的过程，体会"分"的价值，以利于学去构建心中的"分"的过程，体现分数起于分，源于数。

整个教学过程中要注意时间的合理分配，运用好数学文化。分数意义的建模过程要给孩子留足时间。

《分数的意义》案例分析

《分数的意义》隶属于"数与代数"领域的一节概念课，而对于概念教学一直是老师们公认的难点问题，如何让学生们能够较好地理解单位"1""分数的意义"和"分数单位"这些概念，我们不仅要深入研究教材、关注课堂教学中教师的教学实施，更要关注课堂教学中学生的学习过程及学习效果。最终实现本节课所承载的数学核心素养的落实。我们以刘老师执教的《分数的意义》

为例，从三个维度进行评析核心素养的培养。

一、从核心素养视角设置教学目标

《2011版新课程标准》中强调教师是教学活动的组织者、引导者、合作者，学生是教学活动的主体。《分数的意义》这节课要从学生的认知基础着手，就要有大的教材观，研究教材的前后联系，了解学生已经掌握把一个物体平均分其中的一份用分数表示，对但是经历两年的时间间隔，通过对分数进行前测，了解到学生对分数的认识已经模糊化，找准这样的一个切入点，充分为基于学生经验的教学做好准备。基于以上思路设计了本节的教学目标。

教学目标的设计是为了学生掌握分数的概念并能学会用分数描述生活中的事情学生能学以致用，并且重点培养学生的抽象能力、推理能力和数学建模。从整堂课来看，教师是在学生认知的基础上设计教学目标的。教师通过"分一分"，要求学生先动手分实物，然后"画一画"可以看出，教师用学生感兴趣的生活实物进行平均分引发学生的兴趣，由此引出本堂课的知识点。从学生回答问题的积极性，准确性来看，实现了这堂课的基本目标。从教学目标发展性来看，利用班级中的分数实现了对他们的情感、态度、价值观的关注

二、从核心素养视角展开教学活动

分数的意义是这个单元的一个基础性概念。它是今后学习分数四则运算和分数应用题的重要前提，对发展学生的思维能力有着重要作用。从刘老师教学的整体结构来看，她对教材作了细致的分析。精心设计教学活动，例如："分一分、画一画"环节，从"一个物体的"到"一个整体的"遵循从易到难、从直观到抽象的程序，层层递进。将抽象的单位"1"这一概念于无形中在孩子们的心里扎根发芽。从而得到1/4的本质，只要将单位"1"平均分成四份，其中的一份用1/4表示。进而通过创造自己喜欢的分数，分散分数意义的教学难点，将问题层次化，促进概念的生成。

抓住课堂中的有效资源，完成学生自身知识的建构，在让学生归纳"究竟什么是分数时"学生印象深刻的是将单位"1"平均分成若干份，其中的一份的数。刘老师充分抓住这一知识的生长点，让学生意识到不仅仅是表示其中的一份，也可以是几份的数，使分数的意义在孩子心里真正的开花，最后学生将

抽象出来的分数的各个本质属性综合起来进行语言描述，从而概括出分数的意义。实现知识的动态建构。有效完成学生的数学思考。

分数除了像刘老师的出发点表示两个之间的关系，还是一个具体的数，只有完善这一认知体系，才能帮助孩子们梳理数的完整体系。因此刘老师通过一个动态的演变又把分数回归数轴上来。拓展了分数意义的构建，为学生以后的数学知识学习积累丰富的经验。把简单分数与数轴上点的一一对应，渗透对应和极限的数学思想，从而也体现了数学"一生万数"的说法。激发学生进一步研究分数的兴趣。把数学建模于无形中浸润到孩子们的内心深处。

三、从核心素养视角反馈教学效果

学生在教师的指导下，积极主动参与教学过程，教师以学生身边的实例：班中的两位同学站起来你想到了哪个分数，引发学生的思考，一方面检测了学生的课堂学习效果，另一方面也对学生进行了思想教育，增强学生的集体感，从学生上课的反映，完成课堂练习的情况来看，75%以上的学生掌握了有效的学习方法，获得了知识。从课堂教学过程中，学生掌握基本知识和基本技能的能力逐渐上升，使本节课所承载的数学核心素养在孩子们心里落地生根。我们都知道，数学核心素养就像是一把钥匙，不仅能解决学习上的难题，而且还能解决生活中的难题。这样才能真正实现学习有利于学生发展的数学学习。

《圆的认识》教学设计

平原县第一实验小学　李　倩

【教材分析与核心素养】

本节课是在学生认识了长方形、正方形、平行四边形、三角形、梯形等平面图形的基础上进行学习的，它是小学阶段认识的最后一种常见的平面图形。圆的认识是研究曲线图形的开始，也是后继学习圆的周长和面积，圆柱的表面积和体积，圆锥的体积等知识的基础。

本课由从古至今的车轮图片入手，通过实物车轮抽象出平面图形圆，初步感知圆是由曲线围成的平面图形。然后引导学生动手画圆，孩子在实践与操作中，一步步用数学语言抽象出圆心、半径、直径的概念，并总结概括出圆的特性，发展了学生的数学抽象能力和模型思想。

【学情分析与核心素养】

学生在低年级虽然也认识了圆，但只是直观认识，对于建立圆的概念及掌握圆的特征还是比较困难的。由认识直线图形到认识曲线图形，是认识发展的一次飞跃。

小学生年龄较小，对概念的理解能力有待提高，所以本节课教学时我从生活情境中抽象出几何图形，采用教师点拨、动手操作、独立思考、合作交流等丰富多彩的学习方式进行教学，将呆板的概念变得生动形象起来，注重培养学生的抽象逻辑思维和数学建模的思想。

【教学目标】

知识与技能：结合生活实际，通过观察思考、实践操作等活动认识圆，并掌握圆的特征，会用圆规画圆。

过程与方法：通过观察、操作、想象等活动，培养学生自主观察能力和探究意识。

情感态度与价值观：体会圆在生活中的应用，感受数学与生活的密切联系，发展应用意识与空间观念。

【教学重难点】

重点：在实践操作中认识圆，并发现圆的特性。.

难点：在实践操作中发现圆的特性。

【教学过程】

（一）提供素材，感知概念

（1）师：同学们，首先我们一起来欣赏几幅图片：马车、自行车、摩托车、汽车、飞机等。

师：随着科技的进步，交通工具也越来越先进。但这些交通工具什么的形状是一样的？

生：车轮都是圆形的。

师追问：那从古至今，为什么车轮都设计成圆形呢？

生：圆形车轮容易滚动，行驶平稳等。

师追问：圆的什么特点，使圆形车轮能平稳行驶呢？

这节课，我们就一起来探索圆的奥秘（板书课题）。

（2）观察特点。

师：同学们，仔细观察，圆与我们之前学过的平面图形有什么不同？

生：圆没有角，圆比较光滑等。

引出：圆是由曲线围成的平面图形。

设计意图（落实核心素养）：

本节课由从古至今的车轮图片导入，以孩子们熟悉的生活中的车轮为素材，抽象出圆这一几何图形，使孩子们初步感知圆是平面上的曲线图形，激发了孩子们的学习兴趣。

（二）实践操作，探究概念

1. 第一次尝试画圆

（1）师：要想研究圆的特点，光看是看不出来的，需要我们动手画一画。想一想，我们可以怎来画圆呢？

生：可以用圆规画圆。

生：可以比照圆形物品描一个圆（一年级下学期已掌握）。

生：可以用绳子画圆。

学生选择工具在学习单元第一次画圆处画圆。

（2）交流作品（展示两幅不完美的圆）

师：这是哪位同学的作品，说一说你是如何画的？（若生使用绳子画圆，直接表述画法；若生使用圆规画圆，先一起认识圆规各部分名称）。

生描述画圆的方法。

师追问：大家觉得他画得怎么样？

生：画得不圆，出现了双层曲线。

师：你觉得什么原因会使其出现这样的问题呢？

生（绳子）：绳子一端不好固定。

生（圆规）：可能是画的时候圆规的针尖动了。

小结：也就是说，画圆时圆规的针尖（绳子的一端）要固定好。

板书：定点。

师：再来看这位同学画的，大家觉得怎么样？可能是原因导致这样的问题呢？

生：画得不圆，有的地方凹进去了。

生（绳子）：可能是绳子没有拉紧，一会儿紧，一会儿松。

生（圆规）：可能使画的时候圆规的笔尖动了。

小结：画圆时圆规的笔尖也不能动（绳子要拉紧）。针尖不能动，笔尖也不能动（绳子要拉紧），也就说明圆规两脚尖的距离是固定的。

板书：定长。

同时结合画圆过程，引出旋转一周，并让孩子感知圆规画圆的方便性。

2. 教师用圆规示范画圆

师：听了同学们刚刚的分析，老师也忍不住想画一个圆了。

学生一边说，老师一边操作，在黑板上画出一个圆。

3. 学生尝试二次用圆规画圆

画圆过程中，进一步感受定点、定长，旋转一周。

4. 拓展画圆的方法

师：同学们，现在体育老师想在操场上画一个圆，还能用圆规来画吗？

生：不能。

你能想出好办法吗？

学生发表自己的想法。

课件视频演示操场画圆过程。

设计意图（落实核心素养）：

这一环节，学生制作研究素材。要展开对于圆的研究，需要有圆的素材。画圆就是一个制作研究素材的过程。研究的素材来源于学生自己，学生经历两次画圆的过程，既自己制作了研究素材，又在画圆的过程中，感受定点、定长、旋转一周，初步形成表象概念，发展学生的模型思想及空间观念。

（三）感受特性，抽象概念

1. 认识圆心、半径和直径

师：同学们，比较各种画圆方法，想一想有什么相同点？

生：都是先固定一点。

师：是的，你能给固定的这个点取个名字吗？

生：中心、中点……

引出固定的这一点，即圆的中心，简称圆心，用字母O表示（板书）。

师：大家看，老师画的圆在黑板上，同学们画的圆在纸上，体育老师画的圆在操场上，是因为我们选取的什么不同？

生：选的圆心不同。

那你能的出什么结论？

生：圆心决定圆的位置（板书）。

师：各种画法之间还有其他相同点吗？

生：都是要固定好一段距离。

师：真善于总结，那你能从黑板的圆里画出那段固定的距离吗？

生来黑板上画出一条线段。

师：只有这一条吗？还能不能画？

生：不是，还有呢。

生继续画出两条。

师：观察这几条线段，有什么特点？

生：都是一端在圆心处，一端在圆的边缘。

找几位同学充分描述此类线段的特点，生生互相补充。

小结：连接圆心和圆上任意一点的线段叫作圆的半径，用字母r表示。（板书r）

师：大家再来看，同学们画的圆，为什么有的大有的小呢？

生：因为画圆时，圆规两脚间的距离不同，也就是半径不一样。

师：能具体地说一说吗？

生：半径越大，圆就越大，半径越小，圆就越小。

师：所以你能得出什么结论呢？

生：半径决定圆的大小（板书）。

对孩子们的总结给予肯定。

师：在圆内，还有一条非常重要的线段（黑板上画出来）。

观察，这条线段又有什么特点？

生：从圆上的一点出发，经过圆心，到达圆上的另一点。

生充分描述、补充后小结：通过圆心，且两端都在圆上的线段叫作圆的直径，用字母d表示（板书）。

2. 探究圆的特性

师：圆内还有很多奥秘，想不想继续探究。

生：想。

小组合作交流，探究圆的特性，并完成学习单上的问题：

折一折，我发现：

画一画，我发现：

量一量，我发现：

3. 小组汇报

生：折一折，我发现折痕就是圆的直径。

生：折一折，我发现圆是轴对称图形，直径就是圆的对称轴，圆有无数条对称轴（语言不规范）。

生：我发现折痕的交点就是圆的圆心。

生：折一折，我发现圆内有无数条半径和直径，且直径长度是半径长度的2倍。（师注意适时引导同圆和等圆）。

生：画一画，我发现圆内有无数条半径，也有无数条直径。

生：量一量。我发现所有半径长度都相等，所有直径长度都相等。且直径长度是半径长度的2倍（不严谨）。

学生汇报过程中，对其进行语言的规范，最后师生小结：

圆是轴对称图形，直径所在的直线就是圆的对称轴，圆有无数条对称轴。对折后折痕就是圆的直径，折痕的交点就是圆的圆心。

圆有无数条直径，也有无数条半径。同圆或等圆内，所有半径长度都相等，所有直径长度都相等，且半径长度是直径长度的二分之一，直径长度是半径长度的2倍。（课件梳理时，只出现关键字词）。

此环节引导学生发现：不仅通过画一画，通过折一折，也可以得出圆的半径、直径有无数条，及直径与半径的长度关系。

4. 了解圆的历史文化

师：同学们，圆有这么多的奥秘，你知道人们对圆的认识经历了怎样的过程吗？下面我们一起来了解一下（课件播放音频和相关图片）。

听完后让学生谈谈感受。

生：圆在人们生活中必不可少。

生：圆为人们的生活带来了很多方便。

师小结：我们的古人善于观察，勤于探索，是有大智慧的人。希望同学们也能将古人的这种精神发扬下去。

5. 让学生谈一谈对"一中同长"的理解

生：中是圆心，同长指半径同样长或直径同样长。

师：其他平面图形有"一中同长"的特点吗？

通过课件展示，让孩子们直观地看到只有圆有"一中同长"的特点。

6. 动画演示，进一步感受圆的特性。

通过小丑骑独轮车（正方形、圆形两种车轮），直观感受圆形车轮车轴的运动轨迹是直线，行驶起来非常平稳。而正方形的车轮车轴运动轨迹是曲线，运动起来非常颠簸。

设计意图（落实核心素养）：

这一环节是一个分析、探究、理解圆的特征的过程。首先，通过观察、分析，引导孩子用数学语言抽象出圆心、半径、直径的概念。然后给学生充分的时间和空间，让学生经历发现、探究、验证圆的特征的过程，将学生的思维引入深处；然后通过与其他平面图形的对比，抽象出圆"一中同长"的特点。在这一环节，所有概念变得清晰明了，落实了数学抽象的核心素养。

（四）解决问题，运用概念

1. 解决问题

车轮为什么设计成圆形？

生：圆内所有的半径都相等。

小结：车轴到底面的距离都相等，所以行驶起来平缓。

2. 解决问题

下水道井盖为什么设计成圆形呢？

生：万一被雨水冲刷，不会掉下去。

通过课件展示下水道图片，让学生感受直径是圆内最长的线段。

设计意图（落实核心素养）：

此环节，将数学问题转化为生活问题，培养学生的应用意识，真切感受数学源于生活又服务于生活。

【回顾梳理】

本节课，我们先通过实际物体车轮抽象出几何图形圆，初步感知圆是平面上的曲线图形。然后通两次画圆的实践操作，探究圆心、半径、直径的概念。又通过观察、操作、分析等感受圆的特性，并用数学语言抽象出其概念。最后运用所学概念，解决了车轮和下水道等生活中的实际问题。

通过回顾所学知识，学生在获得数学知识、技能和活动经验的同时，提升梳理、概括知识的能力。

古希腊数学家毕达哥拉斯曾说"一切平面图形中，圆是最美的"。下面，我们就一起来感受圆的美（课件播放）。

【板书设计】

圆的认识

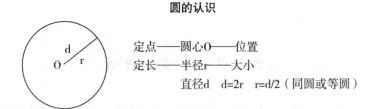

定点——圆心O——位置
定长——半径r——大小
　　　　直径d　d=2r　r=d/2（同圆或等圆）

【概念课教学流程】

提供素材，感知概念（从生活中的车轮图片，抽象出圆，初步感知圆是平面上的曲线图形）——→ 实践操作，探究概念（通过两次画圆，及了解圆的多种画法，总结出画圆时要定点、定长、旋转一周，初步形成表象概念，发展学生的模型思想及空间观念）——→ 感受特性，抽象概念（通过观察、分析，用数学语言抽象出圆心、半径、直径的概念，并在实践操作中感受圆的特性，落实数学抽象的核心素养）——→ 解决问题，运用概念（运用所学知识解决车轮及下水道井盖为什么设计成圆形的问题，真切感受数学源于生活又服务于生活）。

《圆的认识》教学反思

（1）本课以"轮子为什么设计成圆形"这一问题开展探索，经历研究的全过程。从提出问题，到素材的选取，到探究特征，到解释应用，学生始终是探究的主体，拥有充分的探究主动权。

（2）小丑骑独轮车的动画演示，将问题的解决直观化。"车轮为什么设计成圆形的？"这个问题，是现实问题，对于小学生来讲，理解起来不是那么容易，因此我们将正方形、圆形车轮动画引入课堂，学生非常感兴趣，也能更好地理解圆形车轮车轴与地面的距离都相等，很好地将数学与生活联系起来。

（3）不足之处：合作探究后，在汇报圆的特征时，教师没能充分引导学生认识到不仅通过画一画，通过折一折也可以得出圆的半径、直径有无数条，及半径与直径的关系。此环节，教师应给学生充分的时间去探究、讨论，从而使学生对各类概念更清晰、更系统。

《圆的认识》案例评析

《圆的认识》一课，是图形与几何领域的概念课，概念教学是小学数学教学中的重要部分，由于它的抽象性和小学生思维的形象性是一对矛盾，使它在教学中成为一个难点。教学中，教师如何引导学生通过分析、比较、综合、抽象、概括等逻辑思维方法，把握事物的本质和规律，从而掌握概念成为教学的核心要点。

一、从核心素养视角设置教学目标

教学目标是教学活动的出发点和归宿，确定了合理的教学目标后，在实施的过程中，就必须讲究方法。本节课，在教师引导下，学生能在画圆、总结各种画法的相同点、画出定长等具体情境中理解圆心、半径、直径的特点，并用数学语言抽象出其概念。学生能通过小组合作，在折一折、画一画、量一量的实践活动中，感受圆的特征，最后轻松运用概念解决车轮及下水道为什么设计圆形的实际问题。整堂课，学生能积极参与概念的探究活动，充分经历知识的形成过程，让学生真正体会到数学概念知识与生活的密切联系，教学目标有效达成。

二、从核心素养视角展开教学活动

1. 师生在探究概念时，目的明确、过程真实、方法科学

概念的得出应让孩子在充分感受其特点的基础上，一步步用数学语言抽象出来。教学半径概念时，教师在学生经历两次画圆、教师黑板画圆、体育教师操场画圆的后，引导学生总结出各种画圆方法的相同点，其中一点为定长。教师抓住这一知识生长点，顺势让学生来黑板上将无形的定长直观地画出来（3条），然后让学生充分描述讨论所画线段的特点，一步步用数学语言抽象出半径的概念，目的明确、过程真实、方法科学。

2. 师生积极互动，参与交流概念的本质，教师适时归纳、提炼概念，形成富有价值的成果

探究圆的特征时，教师采取小组合作的探究式学习方式。探究式学习应有足够的开放度，因此教师大胆放手，为学生提供充分的时间和空间，引导学生通过折一折、画一画、量一量等活动，在操作、讨论、交流的过程中感受圆的特性。最后，组织学生进行小组汇报、在组组间的思维碰撞及教师适实点拨引导，及师生的适时归纳下，提炼出圆的特征，形成富有价值的成果。学生在操作活动中展现了自我，方法多样且独特，充分发挥了学生的自主性和创造性。

三、从核心素养视角反馈教学效果

通过本节课的学习，学生会用圆规画圆，理解了圆心、半径、直径的概念，总结概括出圆的特征，解决了生活中的实际问题，达到预定目标，教学效果显著。在探究生成概念的过程中，发展了学生的数学抽象能力和模型思想。

第三章

运算课型

运算教学是使学生经历计算法则的抽象，以及在多种算法中做出恰当选择的过程，帮助学生掌握数运算的基本方法，建立判断与选择的自觉意识，养成根据自我需要做出正确选择的主动学习的习惯，提升思维品质和形成基本的数学素养。在小学数学教学中运算课是数学教学基础的基础，这个基础不仅体现在教学内容几乎占了整个数学教学的一半，而且还表现在几乎所有的数学问题都要通过计算来解决，所以运算课的教学在小学数学教学中至关重要。小学阶段的运算课就运算方式而言主要有：整数、小数、分数加、减、乘、除和四则混合运算；就运算的方法而言有：口算、估算、笔算和计算机计算；就运算教学内容而言主要有：算理算法的教学、运用运算意义及方程意义解决生活中的实际问题的教学。本章主要从运算课型的教学内容及数学核心素养的达成度进行研究。

第一节　运算课型教学内容梳理

项目组对小学数学运算课型的教学内容进行梳理，并研究所需落实的数学核心素养，让数学核心素养与教学内容进行有效对接。

基于核心素养下的小学数学课堂教学标准建设研究
——课型梳理（一年级上册）

运算教学课型

（一）《10以内数的加减法》
1. 核心素养
数学抽象、数学运算、数学建模

2. 落实核心素养教学实施建议

（1）创设情境帮助学生借助具体的现实情境来理解加减法的意义，又要帮助学生经历将运算与具体的情境实体相分离的抽象过程，使学生能够在抽象的运算与具体的情境实体之间建立有意义的联系。

（2）帮助学生根据计数单位及其组成来理解算理

（3）帮助学生在理解进位加原理的基础上形成熟练的运算能力

（二）第七单元：《20以内进位加法》

1. 核心素养

数学抽象、数学运算、数学建模

2. 落实核心素养教学实施建议

（1）借助创设情境，让学生提取有用信息，经历数据收集和数据整理的实践过程，并形成知识，从而落实了数据分析的核心素养，有利于学生提高通过数据整理有用信息、获得知识的能力。

（2）借助小棒等学具来摆一摆，发现"点数法，凑十法"等多样化的算法。让学生积累从具体到抽象的活动经验，使学生深入理解数学计算方法，通过抽象概括，把握算理，逐渐养成一般性思考问题的习惯，在探索计算方法的过程中，感悟"转化"的数学思想。

（3）引导学生借助学具操作有效解决问题，注重保持计算与解决实际问题的密切关系，关注学习过程的评价，发挥评价的激励作用，落实数学运算的核心素养。

基于核心素养下的小学数学课堂教学标准建设研究

——课型梳理（一年级下册）

运算教学课型

（一）《20以内的退位减法》

1. 核心素养

数学运算、数学抽象、直观想象

2. 落实核心素养教学实施建议

（1）创设生活情境，让学生提出问题并列式后，先自己想，然后拿出小棒等学具摆一摆，再互相交流，在交流和对比的基础上让学生完善自己的想法。学生在利用学具操作的过程中从实物中抽象出"数"培养学生的数感。

（2）学生在解决问题的过程中掌握"破十法""想加法算减法"等方法，培养学生数学运算的能力。

（3）学生通过"摆小棒"的活动掌握"破十法"的运用，在操作的过程中由物体的直观形象走向抽象。

（二）《100以内的加减法一》

1. 核心素养

数学运算、数学抽象

2. 落实核心素养教学实施建议

（1）通过创设情境，在学习的过程中充分让学生理解算理，抽象算法。

（2）学生根据教学情境，提出问题，结合实际问题学生理解采用的"加法"或者"减法"掌握其意义，感受到学习计算的重要性，在此基础上学习口算的方法。通过让学生解决实际问题培养学生的应用意识和解决实际问题的能力。

（3）通过练习让学生理解算理，掌握算法，提高学生运算的能力。

（三）《100以内的加减法二》

1. 核心素养

数学运算、数学建模、直观想象

2. 落实核心素养教学实施建议

（1）学生在探究两位数加减两位数的算理时，注重了直观操作，通过小棒"摆一摆"，利用计数器"拨一拨"探讨计算方法，培养学生直观想象的能力和直观操作的能力。

（2）本章知识中学生初步学习"笔算"，学生理解算理掌握算法的过程中建立"竖式笔算"的模型。

（3）注重解决问题的策略与方法的多样化，进一步提高学生的运算能力。

基于核心素养下的小学数学课堂教学标准建设研究

——课型梳理（二年级上册）

运算教学课型

（一）第一单元信息窗二：《乘法的初步认识》

1. 核心素养

数据分析、数学抽象、数学建模

2. 落实核心素养教学实施建议

（1）借助情景图，引导学生提取信息，发现问题、提出问题并尝试解决问题，落实了数据分析的核心素养。

（2）引导学生由几个相同加数相加的加法算式创造出相应的乘法算式，培养了学生的符号意识，落实了数学抽象的核心素养。

（3）在初步认识乘法时，引导学生经历提出问题—解决问题—建立模型—运用模型的过程，落实了数学建模的核心素养。

（二）第二单元表内乘法（一）和第四单元表内乘法（二）：《表内乘法》

1. 核心素养

数据分析、数学抽象、数学建模

2. 落实核心素养教学实施建议

（1）借助情景图，引导学生提取信息，发现问题、提出问题并尝试解决问题，落实了数据分析的核心素养。

（2）引导学生由乘法算式编制出相应的乘法口诀，落实了数学抽象的核心素养。

（3）在创造乘法口诀时，引导学生经历提出问题—解决问题—建立模型—运用模型的过程，落实了数学建模的核心素养。

（三）第二单元相关链接：《乘加、乘减混合运算》

1. 核心素养

数据分析、数学运算、数学建模

2. 落实核心素养教学实施建议

（1）借助具体情景，让学生发现数学信息，理解数据间的关系，落实了数据分析的核心素养。

（2）利用具体情境，理解运算对象，掌握先算乘除后算加减的运算法则，落实了数学运算的核心素养。

（3）在具体情境和抽象推理中构建数学模型，落实了数学建模的核心素养。

（四）第五单元信息窗3：《除法的意义》

1. 核心素养

直观想象、数学抽象、数学建模

2. 落实核心素养教学实施建议

（1）借助情境图，引导学生直观感知，落实了直观想象的核心素养。

（2）用学具进行直观操作，抽象推理出平均分与除法的联系，落实了数学抽象的核心素养。

（3）在动手操作和抽象推理中构建数学模型，落实了数学建模的核心素养。

（五）第七单元用乘法口诀求商：《表内除法》

1. 核心素养

数据分析、数学运算

2. 落实核心素养教学实施建议

（1）借助情景图，让学生发现问题、解决问题，落实了数据分析的核心素养。

（2）在探究计算结果中，让学生发现并利用乘法口诀求商，落实了数学运算的核心素养。

（六）第七单元相关链接：《连乘、连除和乘除混合运算》

1. 核心素养

数据分析、数学运算

2. 落实核心素养教学实施建议

（1）借助具体情景，让学生发现数学信息，理解数据间的关系，落实了数据分析的核心素养。

（2）利用具体情境，理解运算对象，掌握从左到右的运算法则，落实了数学运算的核心素养。

基于核心素养下的小学数学课堂教学标准建设研究
——课型梳理（二年级下册）

运算教学课型

（一）《有余数的除法》

1. 核心素养

数据分析、数学运算、数学抽象、直观想象

2. 落实核心素养教学实施建议

（1）通过分一分，让学生体会到平均分时，不够分或者有余数的情境，结合除法的初步认识，通过动手操作、直观想象和大胆的尝试，让学生经历除法竖式和动手操作的有机结合及对应。再次抽象出有余数的情境的算法和写法，充分理解算理，落实了数据分析的核心素养。

（2）通过创设情境，在学习的过程中充分让学生理解算理，抽象算法，落实了数学运算的核心素养。

（3）学生根据教学情境，提出问题，结合实际问题学生理解采用有余数除法的算理掌握其意义，感受到学习计算的重要性，在此基础上继续巩固除法的计算方法。通过让学生解决实际问题培养学生的应用意识和解决实际问题的能力，落实了数学抽象的核心素养。

（二）《万以内的加减法（一）》

1. 核心素养

数据分析、数学抽象、数学建模

2. 落实核心素养教学实施建议

（1）通过创设情境，在学习的过程中充分让学生理解算理，在学过100以内加减法基础上抽象算法，落实了数学抽象的核心素养。

（2）学生根据教学情境，提出问题，结合实际问题学生理解采用"加法"或者"减法"掌握其意义，感受到学习计算的重要性，在此基础上学习口算的方法。通过让学生解决实际问题培养学生的应用意识和解决实际问题的能力。

（3）感受估算，直观感受，形成估算和近似数计算的概念，培养了学生的数感和估算能力。

（4）本章知识中，学生在学习"笔算"、理解算理、掌握算法的过程中建立万以内加减法的"竖式笔算"模型，落实了数学建模的核心素养。

（三）《万以内的加减法（二）》

1. 核心素养

数学运算、直观想象

2. 落实核心素养教学实施建议

（1）学生在掌握了万以内加减法后，再次进行连续进位和连续退位的教学，通过情境，结合掌握的算法，进一步理解算理，巩固运算能力，落实了数学运算的核心素养。

（2）注重解决问题的策略与方法的多样化，进一步提高学生的运算能力和解决问题的能力，落实了数学运算的核心素养。

基于核心素养下的小学数学课堂教学标准建设研究
——课型梳理（三年级上册）

运算教学课型

（一）第二单元：《两位数乘一位数》

1. 核心素养

数学运算、数学建模、逻辑推理

2. 落实核心素养教学实施建议

（1）加强直观教学，让学生在明晰运算对象的基础上，能够根据乘法法则和运算律正确地进行运算。同时探究运算思路，笔算乘法时注意竖式格式，以及将相应数位对齐，一步一步进行，设计运算程序，并正确求得运算结果，落实数学运算的核心素养。

（2）在计算、观察、分析、比较等数学活动中找到两位数乘一位数的笔算方法，建立乘法笔算模型。

（二）第三单元：《三位数乘一位数》

1. 核心素养

数学运算、数学建模、逻辑推理

2. 落实核心素养教学实施建议

（1）利用多媒体让学生直观运算对象，能够根据乘法法则和运算律正确地进行运算。同时探究运算思路，并正确求得运算结果，落实数学运算的核心素养。

（2）在计算、观察、分析、比较等数学活动中运用转化思想找到两位数乘一位数与三位数乘一位数的计算方法共同点，通过归纳和类比获得新的发现，明确新旧知识之间的联系，确定笔算乘法的规则，落实逻辑推理的核心素养。

（3）学生通过在类似的情境中进行知识的迁移，真正领会笔算乘法方法，落实数学建模的核心素养。

（三）第五单元：《两、三位数除以一位数（一）》

1. 核心素养

数学运算、数学抽象、逻辑推理

2. 落实核心素养教学实施建议

（1）利用多媒体课件的直观性进行教学，让学生在明确运算对象的基础上，能够根据除法法则正确地进行运算。同时探究运算思路，注意笔算格式，设计运算程序，并正确求得运算结果，落实数学运算的核心素养。

（2）教学由易到难，由直观到抽象，让学生逐渐理解除法笔算方法，落实数学抽象和逻辑推理的核心素养。

（3）重视学生在活动中的体验，从具体的问题情境中抽象出数量关系，并形成数感和符号意识。除法计算明确步骤，感悟数与数量、数量关系、运算结果和估算等方面的内容。体感升华到数感。落实数学抽象的核心素养。

基于核心素养下的小学数学课堂教学标准建设研究
——课型梳理（三年级下册）

运算教学课型

（一）《两、三位数除以一位数》

1. 核心素养

数学运算、直观想象、数学建模、数学抽象

2. 落实核心素养教学实施建议

（1）设置情境列式，学生根据已有的知识经验，通过"分一分""算一算"来理解算理，掌握计算方法，培养和发展学生的数学运算能力和直观想象能力。

（2）利用知识的迁移，把几百几十看成几个十，得到的商表示几个十，落实数学运算和数学建模的核心素养。

（3）借助分小棒的过程和两位数除以一位数的笔算除法经验理解算理，将抽象的算理直观化，落实数学抽象的核心素养。

（4）引导学生借助学具操作和竖式计算之间的联系，结合实际问题厘清算理，明白0占位的道理，落实数学建模的核心素养。

（二）《两位数乘两位》

1. 核心素养

数学建模、数学运算、直观想象

2. 落实核心素养教学实施建议

（1）出示具体的生活情境，发现数学信息并提出数学问题，根据乘法的意义列出算式，落实数学运算的核心素养。

（2）让学生借助点子图分一分、圈一圈、算一算，既可以让学生直观感知，还可以唤起学生对乘法意义的理解。圈点子图10个23和2个23，即把23×12转化成了23×10和23×2，让孩子感受先分后合，把两位数乘两位数转化成了两位数乘整十数和两位数乘一位数，在此处渗透转化的数学思想。落实直观想象的核心素养。

（3）学生由估算到分步计算再过渡到竖式，结合点子图，沟通了横式与竖式之间的联系，在理解算理的基础上生成算法，实现了新模型的自觉建构。落实数学建模的核心素养。

（三）《用连乘、连除、乘除两步计算解决问题》

1. 核心素养

直观想象、数据分析、数学建模

2. 落实核心素养教学实施建议

（1）学生用学具摆一摆，通过几何直观帮助学生明确数量关系，培养学生列综合算式解决问题的能力，落实直观想象的核心素养。

（2）学生用文字记录、列表等方法整理题中信息和问题，体会列表整理信息的简洁性和必要性，理解数量间的对应关系，落实数据分析的核心素养。

（四）三年级下册第七单元窗2：《简单的小数加减计算》

1. 核心素养

数学抽象、数学运算、数学建模、直观想象

2. 落实核心素养教学实施建议

（1）学生用画图法把米转化成分米，用7个0.1加6个0.1等于13个0.1，（用具体实例）让学生理解计数单位相同的数才能直接相加减，落实直观想象的核心素养。

（2）教师设置情境，依据学生已有的竖式计算经验，让学生尝试用多种方法计算小数加减法。利用整数加减法的计算方法自主迁移，让学生理解相同数位对齐和小数点对齐，也就是把相同单位的数相加即可，落实数学建模的核心素养。

基于核心素养下的小学数学课堂教学标准建设研究
——课型梳理（四年级上册）

运算教学课型

（一）《三位数乘两位数的口算》

1. 核心素养

数学抽象、数学运算、数学建模

2. 落实核心素养教学实施建议

（1）通过发放宣传材料等问题引入对整百数乘整十数的学习，激发学生发现问题、提出问题的能力，激发学生学习热情，同时渗透数学与生活的联系。

（2）教学中让学生独立尝试计算，对于学生出现的多种方法，只要合理，老师就给予肯定并引导他们进行适当的优化，进而总结出三位数乘两位数的口算方法，落实数学建模的核心素养。

（二）《三位数乘两位数的笔算和估算》

1. 核心素养

数学抽象、数学运算、数学建模

2. 落实核心素养教学实施建议

（1）创设帮助大天鹅购买食物的情境，引导学生梳理情境图中的信息，提出有价值的数学问题。落实数学抽象的核心素养。

（2）教学中利于数形结合的思想理解算理，要充分运用学生已有的知识经验，迁移到三位数乘两位数的笔算，让学生自主探索。培养学生的运算能力

（3）三位数乘两位数本质是十进制计数法的应用和分配律的推广，让学生充分理算理，掌握算法，达到举一反三以此类推的效果，从而落实数学建模的核心素养。

（三）《除数是两位数的除法的口算》

1. 核心素养

数学抽象、数学运算、数学建模

2. 落实核心素养教学实施建议

（1）创设菜农喜获丰收的情境，提出有价值的数学问题，引入除法口算的学习。

（2）教学时，让学生结合情境提出问题，并引导学生自主列出算式，思考可以怎样算，得数是多少，然后交流体验算法，优化方法。培养学生的运算能力。

（3）重视基本技能的培养，不断提高计算的正确率和熟练程度，从而培养学生运算能力的核心素养。

（四）《除数是两位数的除法的笔算》

1. 核心素养

数学抽象、数学运算、逻辑推理

2. 落实核心素养教学实施建议

（1）创设菜农将蔬菜装箱的情境，引入对除数是两位数的笔算及用四舍五入法试商的知识的学习。

（2）有效的铺垫及指导学生自主探究，借助直观帮助学生理解算理掌握算法以及完成转化。

（3）重视学生在解决实际问题中探索规律的能力，落实学生的推理能力和应用意识的核心素养。

（五）《除数是两位数的除法的笔算（调商）》

1. 核心素养

数学抽象、数学运算、逻辑推理

2. 落实核心素养教学实施建议

（1）本信息窗呈现是人们在丰收的果园采摘苹果的情境，通过本信息窗的学习，学生能判断商是几位数，并熟练地运用"四舍五入"法试商、调商，提升学生的逻辑推理能力。

（2）教学时，要着重帮助学生理解调商方法，突破学习难点。调商本身就是试商过程中一个重要的环节，也是学习的难点，着重培养学生的运算能力。

（3）将计算与解决问题有机结合，重视计算策略和方法的培养。

（六）《没有括号四则混合运算》

1. 核心素养

数学运算、逻辑推理、数学建模

2. 落实核心素养教学实施建议

（1）创设情境，引导学生提出相应的数学问题，学生根据自己的生活经验列出算式并解答。

（2）在情境中体会单价、数量、总价之间的数量关系，逐步构建数学模型。

（3）结合数量关系沟通运算顺序和解决问题思路的联系，落实逻辑推理的核心素养。

（4）学生通过解决问题初步感知，并通过进一步的猜想、验证、运算，在丰富的实例中抽象、总结出常见的数量关系，落实数学抽象和数学运算的核心素养。

（七）《有括号的混合运算》

1. 核心素养

数学运算、逻辑推理、数学建模

2. 落实核心素养教学实施建议

（1）通过创设生活情境，引导学生提出问题，展开学生对新知的探究。

（2）在教学中要结合解决问题的思路，明确综合算式的运算顺序让学生体会括号具有改变运算顺序的作用，培养学生的符号意识和创新意识。落实数学运算和逻辑推理的核心素养。

（八）《解决问题》

1. 核心素养

数学运算、数学建模、逻辑推理

2. 落实核心素养教学实施建议

（1）由实际问题引入，建构"速度×时间=路程，路程÷时间=速度"的模型并应用这个模型引入相遇问题，落实数学抽象和数学建模的核心素养。

（2）注重学生自主学习的引领，除了速度，和路程直接给出，其余数量关系，解题思路，策略和方法都由学生以交流汇报的形式呈现，以培养学生的逻辑推理能力。

（3）倡导解决问题策略和方法的多样化，不同的解题策略相互验证，有利于培养学生思维的灵活性。

基于核心素养下的小学数学课堂教学标准建设研究

——课型梳理（四年级下册）

运算教学课型

（一）《小数加减混合运算》

1. 核心素养

数学抽象、数学运算、数学建模

2. 落实核心素养教学实施建议

创设问题情境，学生通过解决问题初步感知，并通过进一步的猜想、验证、运算，在丰富的实例中抽象、总结出小数加减混合运算的运算规律和运算方法，落实数学抽象和数学运算的核心素养。

（二）《小数加、减法计算》

1. 核心素养

数学抽象、数学运算、数学建模

2. 落实核心素养教学实施建议

（1）创设情境，导入新课（设计买书情境），培养学生发现问题、提出问题的能力，激发学生学习热情，同时渗透数学与生活的联系。

（2）让学生经历自主学习，探究算法、发现、比较、归纳等数学活动，从具体到抽象，理解小数加减法算理的过程，从而突出重点，突破了难点。

（3）能结合竖式理解算理，特别是相同数位要对齐，相同计数单位上的数才能直接相加减（感悟迁移类推的数学思想方法，积累数学活动经验）。

基于核心素养下的小学数学课堂教学标准建设研究

——课型梳理（五年级上册）

运算教学课型

（一）《小数乘整数》

1. 核心素养

数学运算、逻辑推理、数学建模

2. 落实核心素养教学实施建议

（1）类型导航：引导学生通过情境提出问题、列出算式，确定运算类型——小数乘整数，培养学生的数学抽象能力。

（2）算理理解，归纳法则：学生探究小数乘整数的计算方法并汇报交流，教师引导学生对比评价，进行算法优化，理解算理，梳理算法，初步感知运算方法，通过大量的事例进行计算，从而归纳、提炼、抽象出小数乘整数运算法则，培养学生的数学运算能力和逻辑推理能力。

（3）解决问题，总结提升：学生在解决实际问题中，加深对小数乘整数算理的理解和算法的运用。

（二）《小数乘小数》

1. 核心素养

数学运算、逻辑推理、数学建模

2. 落实核心素养教学实施建议

（1）类型导航：引导学生通过情境提出问题、列出算式，确定运算类型——小数乘小数，培养学生的数学抽象能力。

（2）迁移类推，归纳法则：教师引导学生借助小数乘整数的计算方法，迁移类推，理解算理，梳理算法，初步感知运算方法，通过大量的事例进行计算，引导学生发现因数中小数位数与积中小数位数的对应关系，从而归纳、提炼、抽象出小数乘小数的运算法则，培养学生的数学运算能力和逻辑推理能力。

（3）思维延展，总结提升：学生在解决实际问题中，加深对小数乘小数算理的理解和算法的运用，并通过特例计算，体会当积的小数位数不够时，用0补足，使学生思维得到升华。

（三）《除数是整数的小数除法》

1. 核心素养

数学运算、逻辑推理、数学建模

2. 落实核心素养教学实施建议

（1）类型导航：引导学生通过情境提出问题、列出算式，确定运算类型——除数是整数的小数除法，培养学生的数学抽象能力。

（2）算理理解，归纳法则：学生探究除数是整数的小数除法的计算方法并汇报交流，教师引导学生对比评价，进行算法优化，理解算理，梳理算法，初步感知除数是整数的小数除法的竖式计算的算理和运算方法，通过大量的事例进行计算，重点是理解整数部分不够除和除到被除数的小数末尾不能除尽这两种情况的计算，从而归纳、提炼、抽象出小数除以整数的运算法则，培养学生的数学运算能力和逻辑推理能力。

（四）《除数是小数的小数除法》

1. 核心素养

数学运算、逻辑推理、数学建模

2. 落实核心素养教学实施建议

（1）类型导航：引导学生通过情境提出问题、列出算式，确定运算类型——除数是小数的小数除法，培养学生的数学抽象能力。

（2）算理理解，归纳法则：学生探究除数是小数的小数除法的计算方法并汇报交流，教师引导学生对比评价，进行算法优化，理解算理，梳理算法，初步感知除数是小数的小数除法的竖式计算的算理和运算方法，通过大量的事例进行计算，重点是引导学生理解在转化过程中被除数的位数不够这种情况的计算，从而归纳、提炼、抽象出小数除以小数的运算法则，培养学生的数学运算能力和逻辑推理能力。

（3）解决问题，总结提升：学生在解决实际问题中，落实数学建模的核心素养。

（五）《解简易方程》

1. 核心素养

数学运算、数学抽象、逻辑推理、数学建模

2. 落实核心素养教学实施建议

（1）情境导入，生成问题：提供问题情境，引导学生提出用方程解决的数学问题，落实了数学抽象的核心素养。

（2）探究规律，解决问题：

借助天平，理解等式的性质一，落实数学建模的核心素养。

借助等式的性质一，引导学生自主探究解方程的方法并汇报交流，教师引导评价，规范解方程和检验方程的书写格式，落实数学建模和数学运算的核心素养。

（六）《小数乘法解决问题》

1. 核心素养

数学运算、逻辑推理、数学建模

2. 落实核心素养教学实施建议

（1）情境导入：通过情境图，引导学生提出问题并列出算式。

（2）在关于收付现款的小数计算过程中，结合实际，引导学生体会得数必须保留两位小数，培养学生灵活进行数学运算的能力。

（3）通过学生自主解决问题，发现整数的运算定律对小数同样适用，培养学生的逻辑推理能力。

（七）《求商的近似数》

1. 核心素养

数学运算、逻辑推理

2. 落实核心素养教学实施建议

（1）情境导入，生成问题：提供问题情境，引导学生提出数学问题。

（2）在学生解决实际问题的过程中，引导学生交流对得数的理解和看法，从而引导学生体会根据实际生活需要，会求商的近似值。

（3）通过解决实际问题，引导学生发现除不尽时，要根据生活实际，求商的近似值。落实数学运算和逻辑推理的核心素养。

（八）《小数四则混合运算》

1.核心素养

数学运算、逻辑推理、数学建模

2.落实核心素养教学实施建议

（1）情境导入，提出数学问题，落实数学抽象的核心素养。

（2）学生在探究运算顺序时，体会整数四则混合运算的顺序对小数四则混合运算同样适用，落实数学运算和逻辑推理的核心素养。

（3）学生在解决实际问题中，加深对小数四则混合运算的理解和运用。

（九）《列方程解决实际问题》

1.核心素养

数学运算、数学建模、逻辑推理

2.落实核心素养教学实施建议

（1）情境导入，提出数学问题，落实数学抽象的核心素养。

（2）学生在探究运算顺序时，体会整数四则混合运算的顺序对小数四则混合运算同样适用，落实数学运算和逻辑推理的核心素养。

（3）学生在解决实际问题中，加深对小数四则混合运算的理解和运用。

基于核心素养下的小学数学课堂教学标准建设研究
——课型梳理（五年级下册）

运算教学课型

（一）《分数与除法的关系》

1.核心素养

数学运算、逻辑推理

2.落实核心素养教学实施建议

（1）使学生通过观察与操作，探索分数与除法的关系，会用分数表示两个数相除的商，并能运用分数与除法的关系，解决单位换算和求一个数是另一个数的几分之几的实际问题，落实了数学运算的核心素养。

（2）使学生在自主探索、合作交流的过程中，进一步发展数感，培养观察、比较、分析、推理的能力。落实逻辑推理的核心素养。

（二）《同分母分数加减法》

1. 核心素养

数学运算、数学抽象、数学建模

2. 落实核心素养教学实施建议

（1）让学生通过探讨发现同分母分数加减法的计算法则，并能运用法则正确进行计算，感受类比思想。结合情景了解约分的意义，掌握约分的方法。落实数学运算的核心素养。

（2）培养学生对知识的运用、迁移能力；培养思维的灵活能力和抽象概括能力。落实数学抽象的核心素养。

（三）《同分母分数连加连减》

1. 核心素养

数学运算、逻辑推理、数学建模

2. 落实核心素养教学实施建议

（1）运用知识迁移方法，用旧知识解决新问题，让学生灵活运用数学知识解决问题，引导学生对生成的两种方法进行对比引出同分母分数加减混合运算，鼓励学生用不同的方法解决。落实数学运算的核心素养。

（2）在探索同分母分数连加、连减的计算方法的过程中，经历观察、比较、类比、归纳等数学活动，发展初步的推理能力。落实逻辑推理的核心素养。

（四）《异分母分数加减法》

1. 核心素养

数学运算、逻辑推理、数学建模

2. 落实核心素养教学实施建议

（1）让学生探索并掌握异分母分数的加、减计算方法，能正确计算简单的异分母分数加、减法，并能用来解决一些简单的实际问题。落实数学运算的核心素养。

（2）让学生进一步体会数学知识之间的内在联系，感受转化思想在解决新的计算问题中的价值，发展数学思考。落实数学建模的核心素养。

（3）让学生在交流的过程中体验成功的喜悦，增强学生自主学习、合作交流的意识。

（五）《异分母分数加减混合运算》

1. 核心素养

数学运算、逻辑推理

2. 落实核心素养教学实施建议

（1）结合具体情境，理解分数加减法混合运算的顺序和计算方法，能运用所学知识解决简单的实际问题。落实数学运算的核心素养。

（2）在探究异分母分数加减法的过程中，培养学生迁移、类推的能力和归纳、概括的能力，养成用简明、灵活的方法解决问题的习惯。落实逻辑推理的核心素养。

（3）让学生进一步体会数学知识之间的内在联系，感受转化思想在解决新的计算问题中的价值，发展数学思考。

基于核心素养下的小学数学课堂教学标准建设研究
——课型梳理（六年级上册）

运算教学课型

（一）《分数乘整数》

1. 核心素养

数学运算、逻辑推理、数学建模

2. 落实核心素养教学实施建议

（1）通过具体情境理解分数乘整数的意义与整数乘法的意义相同。培养学生的迁移类推能力。

（2）根据乘法的意义把分数乘整数转化成加法，计算出和，再用画图表示相同分数相加的结果，理解分数乘整数的算理，学生自己总结分数乘整数的计算方法，培养核心素养下学生的逻辑推理能力，实现核心素养下数形结合的有效建模。

（二）《分数乘分数》

1. 核心素养

数学运算、逻辑推理、数学建模

2. 落实核心素养教学实施建议

（1）借助分数乘整数的知识基础，通过画一画，涂一涂等实际操作引导学生理解分数乘分数的意义。

（2）通过数形结合加深对算理的理解，学生计算出结果，再通过多个算式提炼计算方法。培养学生的逻辑推理能力。

（3）给学生提供充足的时间和空间，激发学生学习的积极性，充分体现学生学习的主体地位，同时也要培养学生的观察、动手、分析和推理等能力。

（三）《分数乘法的应用》

1. 核心素养

数学建模、逻辑推理、数学运算

2. 落实核心素养教学实施建议

（1）设计有层次性的生活中情境引导学生用线段图分析题意，建立思维模型。

（2）根据分数乘法的意义，引导学生掌握分数乘法应用题的特征，学会分析数量关系培养学生逻辑推理能力和数学建模意识，体会数学从生活中来并应用于生活的独特魅力。

（四）《分数除以整数》

1. 核心素养

数学运算、逻辑推理、数学建模

2. 落实核心素养教学实施建议

（1）结合分数的意义和直观图来沟通分数除法和分数乘法的关系，是理解算理的基础。

（2）对照画图和式子进行分析和理解，帮助学生建立数形的联系，直观体会分数除以整数的实际意义，实现核心素养下数形结合的有效建模。培养核心素养下学生的运算能力和逻辑推理能力。

（五）《一个数除以分数》

1. 核心素养

数学运算、逻辑推理、数学建模

2. 落实核心素养教学实施建议

（1）在整数除法的已有基础上借助直观图示理解一个数除以分数的意义。

（2）让学生经历探索一个数除以分数的计算过程，体验算法多样性，重视方法的多样性与一般方法的比较，通过比较优化方法。

（3）初步形成独立思考和探索意识，进一步渗透数形结合和转化的建模思想。在引导学生进行观察、比较、总结的学习过程中，形成了有序的逻辑思维能力。

（六）《分数除法的应用》

1. 核心素养

数学建模、逻辑推理、数学运算

2. 落实核心素养教学实施建议

（1）结合生活情境引导学生掌握分数除法应用题的特征，学会分析数量关系并借助线段图理解问题。

（2）通过分数乘法应用题的数量关系引导学生用方程解决问题，培养学生逻辑推理能力和数学建模思想。

（3）在解决实际问题的过程中，感受了数学与生活的密切联系，提高数学运算能力。

（七）《比的应用》

1. 核心素养

数学建模、逻辑推理、数学运算

2. 落实核心素养教学实施建议

（1）通过生活情境帮助学生理解按比例分配的意义，建立起比与倍数的关系。

（2）运用转化思维引导学生把比转化为分数，运用旧知解决新问题，由于转化方法的不同建立多种方法解决问题的能力，培养学生的数学模型思想。

（八）《四则混合计算》

1. 核心素养

数学运算、逻辑推理、数学建模

2. 落实核心素养教学实施建议

（1）通过观察、探究、交流等活动，理解和掌握分数四则混合运算的顺序与整数四则混合运算的顺序相同。

（2）通过生活情境解决具体问题让学生感受整数的运算定律对于分数同样适用。培养数学模型思想。

（3）通过运算培养学生的计算能力。

（九）《较复杂的分数应用题》

1. 核心素养

数学建模、逻辑推理、数学运算

2. 落实核心素养教学实施建议

（1）通过生活情境，借助学生已有的解决简单的分数乘除法问题的经验，引导学生进行类推解决稍复杂的分数问题。培养学生的迁移能力和逻辑推理能力。

（2）教学过程中，运用线段图分析数量关系，体验数形结合的优越性，培养学生的数学建模思想。

（十）《分数、小数和百分数的互化》

1. 核心素养

逻辑推理、数学建模、数学运算

2. 落实核心素养教学实施建议

（1）通过具体情境，使学生认识到百分数和分数、小数进行互化的必要性。

（2）使学生理解并掌握百分数和小数互化的方法，能正确地把分数、小数化成百分数，或者把百分数化成小数、分数。重点让学生在掌握转化规律的基础上，如何引导学生通过观察分析、概括，掌握它们互化的简便方法，培养学生的数学模型思想。

基于核心素养下的小学数学课堂教学标准建设研究

——课型梳理（六年级下册）

运算教学课型

（一）《求一个数比另一个数多或少百分之几》

1. 核心素养

数学建模、逻辑推理、数学运算

2. 落实核心素养教学实施建议

（1）在具体情景下引导学生弄清哪个数是单位"1"，哪个数与单位"1"相比较，明确"增加或减少百分之几是什么意思"抽象出"求一个数比另一个数多（或少）百分之几"应该用相差数除以单位"1"量的模型。落实逻辑推理的核心素养。

（2）分析数量关系，根据数量关系画线段图从而将"求一个数比另一个数多（或少）百分之几"的问题转化为"求一个数是另一个数的百分之几"的问题，与以往不同的是这里比较的两个量"相差量"和"单位1的量"由浅入深帮助学生解决这一类型的百分数应用题，落实数学建模的核心素养。

（3）应用"求一个数比另一个数多（或少）百分之几"解决实际问题培养学生的运算能力，落实数学运算的核心素养。

（二）《复杂的百分数应用》

1. 核心素养

数学建模、逻辑推理、数学运算

2. 落实核心素养教学实施建议

（1）结合具体事例，正确分析题中的数量关系，引导学生找出单位"1"的量，正确建立量率对应关系，正确列出等量关系式，落实数学建模的核心素养。

（2）由于解答该类型问题的各种思路所依据的等量关系是不同的。需要通过分析比较和推理，理清思路提高认识把握方法。落实逻辑推理的核心素养。

（3）运用所学知识解决实际问题培养学生的运算能力，落实数学运算的核心素养。

（三）《折扣》

1. 核心素养

数学建模、逻辑推理、数学运算

2. 落实核心素养教学实施建议

（1）利用身边的一切资源，让学生身临其境的去观察、分析、思考、交流等活动理解折扣的意义。会把折扣化成分数和百分数。在理解折扣意义的基础上，让学生自主解决问题，并总结发现折扣问题，与"求一个数的几分之几（百分之几）是多少"的解题策略相同，落实逻辑推理的核心素养。

（2）在解决问题时，让学生尝试用线段图体会折扣与分数、百分数之间的关系引导学生发现原价是单位"1"，归纳并总结出原价×折率=现价；原价×（1-折率）=降低了多少元。建立解决折扣问题的模型，落实数学建模的核心素养。

（3）让学生应用折扣知识解决生活中的实际问题，进一步理解和应用打折促销等方式为实际所用，达到学以致用的目的，提高运用所学知识解决实际问题的能力，落实数学运算的核心素养。

（四）《利息》

1. 核心素养

数学建模、逻辑推理、数学运算

2. 落实核心素养教学实施建议

（1）创设具体情境，完成存款单的填写任务，在老师的点拨下掌握存款的种类、本金等概念。出示具体信息引导学生总结出利息的概念，并设疑利息的多少与什么有关，出示表格让学生在表格中验证发现。引导学生概括总结出公式。落实数学建模的核心素养。

（2）通过问题情境的创设使学生经历猜想，验证，分析比较的过程归纳出利息的计算方法落实逻辑推理的核心素养。

（3）运用利息的知识，解决生活中的实际问题，让学生体会数学源于生活，又服务与生活，让学生感悟数学与生活的价值，增强应用意识，落实数学运算的核心素养。

（五）《比例的应用》

1. 核心素养

数学建模、逻辑推理、数学运算

2. 落实核心素养教学实施建议

（1）引导学生用多种方法解决问题，体会解决问题方法的多样性。然后再介绍用比例的方法来解决。并自主探索解比例的方法。落实逻辑推理的核心素养。

（2）要引导学生归纳概括出"根据比例的意义写出比例，根据'两个内项的积等于两个外项的积'和等式的性质解方程"。落实数学建模的核心素养。

（3）运用所学知识，解决生活中的实际问题，让学生感悟数学与生活的价值，增强应用意识，落实数学运算的核心素养。

（六）《比例尺的应用》

1. 核心素养

数学建模、逻辑推理、数学运算

2. 落实核心素养教学实施建议

（1）让学生在一些比中找出比例尺，着重引导学生发现图上距离与实际距离相对应的重要特点，让学生通过看图—读比例尺—自主分析—讨论并归纳，利用知识的迁移等方式应用比例尺解决实际问题。落实逻辑推理的核心素养。

（2）根据比例尺求图上距离或实际距离，总结归纳优化出用比例尺解决实际问题的方法及应注意的事项，落实数学建模的核心素养。

第二节 运算课型课堂教学模式

基于核心素养下的小学数学运算课教学模式是山东省基础教育改革项目《基于核心素养下的小学数学课堂教学标准建设研究》的重要组成部分。小学数学运算教学既是进一步学习其他知识的基础，也是实际生活中应用最广泛的知识。翻阅每个年级的教学内容抑或命制的试题都不难看出在小学阶段的整个教学内容中运算教学占有很大的比例，运算能力的高低直接影响着学生的学习质量，可见运算能力至关重要。而运算课课堂教学是提升学生运算能力的主阵地。运算课的课堂教学过程实际上是发展学生逻辑思维能力的过程。本课型教学模式的研究是对小学课堂教学标准建设研究的深化。

经过项目组成员和所有实验教师的共同努力，初步总结出基于核心素养下的小学数学运算课的模式：

一、利用素材，提炼问题

运算教学的素材是提高学生运算能力的基本载体，是感受数学与生活的联系，体验数学价值、形成正确数学观的重要资源，因此素材的选取要有一定的现实性，而且所含的信息与本节课教学目标密切相连，找准新旧知识之间的连接点，让学生经历由生活问题过渡为数学语言符号的过程，便于本节课教学目标的落实。

二、动手实践，探究算理

教师应多创设一些便于学生操作的实践活动，给予充足的探究空间。学生借助小棒、计数器、实物、图片等学具经过摆一摆、拨一拨、画一画、分一分、圈一圈、算一算……在观察、操作活动中探索算理，把抽象的算理具体化。使学生更好地理解算式中每个数的意义。实践操作后学生先形成独有的思路，再进行小组交流、全班汇报，务必让学生习得会用数学语言来描述算理。通过生生交流、师生互动等在思维碰撞过程中，数学的严密逻辑性得到锤炼，算理更加清晰。学生算理的获得由感性逐步发展到理性，完成知识的建构。在动手实践过程中领悟数学思想方法，从而学会用数学的思维来思考问题。

三、理解算理，概括算法

在运算教学中学生只有基于算理的理解才能为算法的建构提供有力的保障，只有当算理算法实现沟通，算法的选择才能契合数学运算的本质，因此在教学中通过实践借助直观引导思维，有效展开分析、比较、抽象算理，概括出算法。让学生充分体验由算理直观化到算法抽象性之间的过渡和演变过程，从而达到对算理的深层理解和对算法的切实把握。

四、优化算法，解决问题

学用结合是提高学习有效性的重要策略，就运算素养而言，口算和估算都是实践运算的基本方式，同时通过运算发展学生的逻辑推理能力，在解决问题的过程中，让学生进一步理解运算的意义，感受运算在解决实际问题中的作用和价值，提升学生的运算素养。

附：运算课课堂教学标准流程图

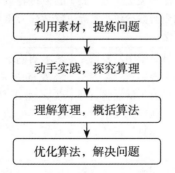

总之在运算教学过程中，利用生活素材获取数学信息、发现问题，提出问题；在教师引导下，学生自主探究、操作实践，探究算理；通过交流描述算理，概括提炼算法，构建思维模型；运用算法，解决生活中的实际问题。学生在学习运算的同时形成数感和估算意识、逻辑推理和模型思想等核心素养。

第三节　运算课型课堂教学标准

项目组通过大量的听评课，聚焦运算课课堂教学中教师的教与学生的学进行研讨，经过反复研究制定出运算课型课堂教学标准，包括教师教的标准、学生学的标准和评价标准。

运算教学中教师教的标准

评价维度	评价指标	水平层级		
		优秀	良好	合格
教学设计	教材分析与核心素养	对教材中运算有纵向和横向的分析，运算知识结构脉络清晰；深入研读课程标准，了解运算教材的编排依据；统观运算教学内容整体把握教材结构；挖掘运算教材中蕴含的数学思想方法和关键能力；将教学内容与数学核心素养恰当对接。	对教材基本有纵向和横向的分析；能研读课程标准，了解教材的编排依据；能整体把握教材结构；能基本挖掘教材中蕴含的数学思想方法和关键能力；将教学内容与数学核心素养有效对接。	对教材没有纵向和横向的分析；能了解教材的编排依据；能把握教材结构；不能将教学内容与数学核心素养有效对接。
	学情分析与核心素养	明确运算教学中需要培养的核心素养要点，掌握本班学生已有生活经验、心理特点、认知发展水平，找准学生运算知识学习的起点。	基本明确本节课需要培养的核心素养要点，能了解本班学生已有生活经验、心理特点、认知发展水平。	能了解本节课需要培养的核心素养要点，能了解本班学生已有生活经验、心理特点。
	教学目标	教学目标明确，符合课程标准，明确算理算法、数学能力和价值观念等目标描述科学、准确、严谨、全面，充分落实核心素养。	教学目标基本明确，能符合课程标准，明确算理算法、数学能力和价值观念等目标描述科学、准确、规范，部分落实核心素养。	教学目标不够明确，算理算法、数学能力和价值观念等目标描述不够规范，没有落实核心素养。

评价维度	评价指标	水平层级		
		优秀	良好	合格
教学设计	课堂教学规划	利用素材，提炼问题	1. 素材能承载教学内容，体现探究算理的必要性。 2. 能激发学生的学习兴趣，启发学生提出有效问题。 3.能激发学生深度思考，体现数学价值。	1. 素材能承载教学内容。 2. 能激发学生的学习兴趣，挖掘学生潜能。	1.素材基本能承载教学内容，素材单一。 2.基本能激发学生的学习兴趣，挖掘学生潜能。
		动手实践，探究算理	1.充分调动多种感官参与实践活动，利用直观形象演示等创设充足的探究空间。 2.活动目标明确指向算理的探究。 3.教师给学生适时点拨，激发学生深度思考。	1.能调动多种感官参与实践活动，创设探究空间 2.活动目标明确能指向学生算理的研究。 3.教师能给学生点拨，激发学生思考。	1.基本能调动感官参与实践活动，创设探究空间。 2.活动目标创设不明确，不能有效引导学生探究。 3.教师未能给学生点拨，没有激发学生思考。
		理解算理，概括算法	1.通过多元化的表征形式强化学生对算理的理解。 2.在理解算理的基础上，引导学生能用数学语言描述算理。 3.引导学生深层思考，概括提炼算法，使算理与算法有效结合。	1.通过适当形式强化学生对算理的理解。 2.在理解算理的基础上，能引导学生会用数学语言描述算理。 3.引导学生思考，概括提炼算法。	1.能基本引导学生对算理理解。 2.在理解算理的基础上，学生能用数学语言部分地描述算理。 3.能引导学生提炼算法。
		优化算法，解决问题	1.加强数学应用意识的训练，培养学生的估算意识和估算能力。 2.优化算法，提高学生解决问题的能力。 3.通过分层练习，积累解决问题的经验。	1.能够利用估算解决问题，但自觉进行估算的意识欠佳。 2.练习题基本能分层设计。	1.可以根据问题进行估算。 2.练习题的设计笼统没有层次。

续 表

评价维度	评价指标	水平层级		
		优秀	良好	合格
教学活动	教师活动	1.教师设计的问题有梯度有深度，面向全体。 2.算理的探究活动，目的明确、过程真实、方法科学、调控进度。 3.及时引导、交流算理提炼算法。 4.解决问题，拓展适当，促进学生运算能力的发展，充分落实核心素养。	1.教师设计的问题有层次，面向部分。 2.探究目的基本明确、过程真实、及时引导、交流算理提炼算法。 3.解决问题，能简单拓展，促进学生运算能力的发展，基本落实核心素养。	1.教师能设计出问题；探究目的不明确、过程真实、方法科学。 2.未能及时引导、交流提炼算法。 3.解决问题，未能拓展，未能促进学生知识与能力的发展，没有落实核心素养。
	设计意图	1.深刻领会运算课涉及的核心素养。 2.对照运算课课型梳理表，依据运算课的教学特点，进行个性化添加。	1.基本领会核心素养内涵。 2.能对照课型梳理表，依据核心素养教学实施建议开展教学设计。	1.了解核心素养。 2.基本能对照课型梳理表，依据核心素养教学实施建议，开展教学设计。
	教学效果	1.能充分完成运算课教学任务、达到培养学生运算能力的教学目标。 2.有效解决相关问题，培养学生的运算素养和灵活选择运算方法解决问题的能力。	1.能完成本课任务、达到预设目标。 2.能运用本节学习内容选择运算方法解决问题，运算能力基本得到提高。	1.能基本完成本课任务。 2.仅解决部分相关问题，没有培养数学能力。
	评价	1.教师对学生在探究算理活动中的表现进行适时评价。 2.优化算法时，教师评价语言恰到好处，有效培养学生的优化意识。	1.教师对学生在探究算理活动中的表现能进行评价。 2.优化算法时，教师有评价语言，能培养学生的优化意识。	1.教师对学生在探究算理活动中的表现不能有效评价。 2.优化算法时，教师有评价语言。

学生学的标准

教学环节	评价维度	评价指标		
		优秀	良好	合格
第一环节	利用素材，提炼问题	1.学生能在具体的生活情境中迅速发现数学信息，并熟练对数学信息进行重组从而提出数学问题。 2.根据提出的问题，能精准分类并提炼本节课需要解决的问题。	1.学生能在具体的生活情境中发现数学信息，并对数学信息进行重组从而提出数学问题。 2.根据提出的问题，能提炼本节课需要解决的问题。	1.学生能在具体的生活情境中发现数学信息，并提出数学问题。 2.根据提出的问题，能了解本节课需要解决的问题。
第二环节	动手实践，探究算理	1.学生通过创设的情境，借助学具充分实践，初步探索出算理。 2.实践操作后形成思考认知，通过形式多样的交流，加深对算理的理解。 3.学生真正获得算理。	1.学生通过创设的情境，借助学具，初步探索出算理。 2.实践操作后形成思考认知，通过交流，进一步理解算理。	1.学生通过创设的情境，借助学具，初步了解算理。 2.实践操作后形成初步感知，通过交流，理解算理。
第三环节	理解算理；提炼算法	学生通过多种形式的训练对算理的掌握从探究到内化；加深对算理的理解，理解算理的数学本质、意义；通过对算理的直观化理解，提炼出抽象化的运算方法，达到对数学算法切实把握。	学生通过多种形式的训练对算理的掌握从探究到内化；加深对算理的理解；通过对算理的理解，提炼出运算方法，形成对数学算法认知。	学生通过训练能掌握算理；加深对算理的理解；通过对算理理解，提炼出运算方法。
第四环节	领悟算法，解决问题	学生运用算法解决实际问题，灵活运用口算和估算，培养分析问题和解决问题的能力；进一步理解算理的意义，感受在解决实际问题中的作用和价值；培养学生全面分析问题的意识，使数学运算、数学抽象等核心素养充分落实。	学生运用算法解决实际问题，会运用口算和估算，培养分析问题和解决问题的能力；理解算理的意义，感受在解决实际问题中的作用和价值；培养学生分析问题的意识，使数学运算、数学抽象等核心素养部分落实。	学生运用算法解决实际问题，培养分析问题和解决问题的能力；了解算理的意义，感受在解决实际问题中的作用和价值。

课堂教学评价标准

评价维度	评价指标	水平层级		
		优秀	良好	合格
教学目标	知识与技能	1.能结合具体情境理解运算意义、运算相关概念、算理，熟练掌握计算方法。 2.引导学生手脑并用，在自主探索、合作交流、动手实践中经历运算方法的形成过程。 3.熟练掌握运算法则、选择合理的运算方法、形成运算技能，轻松的解决实际问题。	1.能结合具体情境理解运算意义、运算相关概念、算理，掌握计算方法。 2.引导学生手脑并用，在自主探索、合作交流、动手实践中经历运算方法的形成过程。 3.能掌握运算法则、选择运算方法、形成运算技能，解决实际问题。	1.能结合情境理解运算意义、运算相关概念、算理，掌握计算方法。 2.引导学生在自主探索、合作交流、动手实践中经历运算方法的形成过程。 3.能掌握运算法则、选择运算方法、形成运算技能。
	数学思考	1.能结合具体情境探索运算的本质，发展运算能力。 2.能用语言或符号描述运算过程、算理或法则。	1.能结合具体情境探索运算的本质。 2.可用语言或符号简单描述运算过程、算理或法则。	1.能结合具体情境了解运算的本质。 2.能用语言或符号部分的描述运算过程、算理或法则。
	解决问题	能结合具体情境提出运算的相关问题、经历算理的探究过程、概括并优化算法、进而解决实际问题。	能结合具体情境提出运算的相关问题、经历算理的探究过程、概括算法、进而解决实际问题。	能结合具体情境提出运算的相关问题、初步经历算理的探究过程、概括出算法。
	情感态度	1.能积极参与探究算理的活动，对数学运算有强烈的求知欲，增强获取算理和算法知识的信心。 2.体会数学运算与生活的密切联系，感受数学运算的重要性。	1.能参与探究算理的活动，对数学运算有求知欲，有获取算理和算法知识的信心。 2.感知数学运算与生活的联系，感受数学运算的重要性。	1.能参与探究算理的活动，对数学运算有兴趣。 2.了解数学运算与生活的密切联系。
教学活动	探究与点拨	让学生通过观察、操作等实践活动，经历算理的探究过程，教师适时点拨，生成算法，实现算理与算法有效融合。培养学生的运算能力。	让学生通过观察、操作等实践活动，经历算理的探究过程，教师点拨，生成算法。培养学生的运算能力。	让学生通过观察、操作等实践活动，经历算理的探究过程，教师点拨，了解算法。

续 表

评价维度	评价指标	水平层级		
		优秀	良好	合格
教学活动	交流与归纳	1.在探究算理、概括算法时，通过生生交流师生互动，进而归纳出相关算理、算法。 2.在交流过程中，学生要学会倾听与质疑，实现思维的有效碰撞。	1.在探究算理、概括算法时，通过交流互动，可以归纳出相关算理、算法。 2.在交流过程中，学生要学会倾听与质疑。	1.在探究算理、概括算法时，通过交流互动，部分归纳出相关算理、算法。 2.在交流过程中，学生要学会倾听。
	生成与掌控	教学时，教师要根据学生现有的认知水平，经历算理的探究过程，及时有效的生成算法。教师有效利用课堂生成资源，灵活驾驭教学，促进师生共同成长。	教学时，教师要根据学生的认知水平，经历算理的探究过程，生成算法。教师利用课堂生成资源，驾驭教学，促进师生共同成长。	教学时，教师要根据学生的认知水平，经历算理的探究过程，部分生成算法。教师利用课堂生成资源，完成教学。
	评价与反思	在探究算理的过程中，教师要及时有效进行评价，特别要注重引导学生运用转化、迁移、推理等方法解决问题，使学生在掌握知识的同时，体验数学思想方法。	在探究算理的过程中，教师要进行评价，引导学生运用转化、迁移、推理等方法解决问题，使学生在掌握知识的同时，感知数学思想方法。	在探究算理的过程中，教师可进行评价，能引导学生运用转化、迁移、推理等方法解决问题，使学生掌握知识。
教学效果	掌握必备知识	完成教学任务，掌握所学运算的必备知识，达到预定目标。	完成教学任务，掌握所学运算知识，初步达到预定目标。	完成教学任务，部分掌握所学运算的知识。
	培养关键能力	完成教学任务，使本节课所体现的数学抽象、数学运算等关键能力得到较大提高。	完成教学任务，使本节课所体现的数学抽象、数学运算等关键能力得到有效提高。	完成教学任务，使本节课所体现的数学抽象、数学运算等关键能力的有所提高。
	体现核心价值	完成教学任务，有效培养学生的转化思维、运算思维、逻辑思维，帮助学生形成正确的人生观、价值观、世界观。	完成教学任务，培养学生的转化思维、运算思维、逻辑思维，帮助学生初步形成正确的人生观、价值观、世界观。	完成教学任务，培养学生的转化思维、运算思维、逻辑思维。

第四节　运算课型典型案例及分析

　　为了便于教师在教学中应用运算课的课堂教学标准，项目组通过《两位数乘两位数的笔算》教学案例及分析来具体阐述在运算课型的教学中如何落实数学核心素养。

《两位数乘两位数（不进位）笔算计算课》教学设计

平原经济开发区中心小学　李　洋

【教材分析与核心素养】

　　两位数乘两位数的笔算，主要解决乘的顺序和第二部分积的书写位置问题，使学生掌握基本的乘法笔算方法。它是在学习了笔算多位数乘一位数的基础上进行教学的，本节教学内容是不进位的，主要突出乘的顺序及部分积的书写位置，帮助学生理解笔算的算理。两位数乘两位数的笔算是本单元的教学重点。学生掌握了两位数乘两位数的计算方法，不仅可以解决有关的实际问题，而且还为学习四则混合运算打下基础。因此在计算中具有相当重要的地位。

　　信息导入，通过生活中的问题抽象出数学问题，再在解决问题的探索过程中，提炼算法，二次抽象，形成两位数乘两位数的竖式的模型。

　　探究算法的过程中，借助点子图边圈边算，数形相结合的核心素养得到充分的体现。活动中，两位数乘两位数的计算，把两位数乘两位数转化成两位数乘一位数和两位数乘整十数，转化的核心素养体现得淋漓尽致。

【学情分析与核心素养】

对于小学三年级学生来说，由于他们的年龄特征和心理特点，他们的形象思维仍占主要地位，因此学习素材的选取与呈现以及学习活动的安排要注重数学在学生计算前圈一圈，画一画，数形结合，加深理解，以及尊重知识的逻辑基础和学生的现实基础，在估一估、算一算的这一环节体验解决问题策略的多样化，利用以前学过的知识转化成新知识，在合作交流的过程中解决笔算过程中遇到的新问题，探讨计算的方法。学生掌握两位数乘两位数笔算方法的关键是：①理解算理，理解用第二个因数十位上的数乘第一个因数是得多少个"十"，乘得的数的末位要和因数的十位对齐。②掌握乘的计算过程。

【教学目标】

知识与技能：充分体验解决不进位的两位数乘两位数计算的过程，以及形成竖式的过程。借助数形结合直观感受算理。初步掌握不进位的两位数乘两位数的笔算方法，理解其算理。

过程与方法：通过自主探索、合作交流，体验计算方法的多样化，并在相互比较中自主掌握优化的方法。

情感态度与价值观：在探索算法和解决问题的过程中，增强自主探索、合作交流的意识，体验成功的喜悦，体会数学在生活中的应用价值。

【教学重点】

在理解算理的基础上掌握两位数乘两位数的笔算方法。

【教学难点】

理解竖式的计算方法和算理。

【教学环节】

第一环节：利用素材提炼问题

情境导入

师：学校计划明年春天修建一个公园，咱们一起欣赏规划图。图中，有哪些数学信息？可以提出哪些数学问题？

生：花坛一排有23盆花，有12排。花坛一共有多少盆花？

学生说明用乘法的原因巩固乘法的意义。

设计意图（落实核心素养）：

根据具体的生活问题，第一次抽象出数学问题，体现了数学抽象的核心素养。

第二环节：动手实践探究算理

估算。初步感知估算的各个部分与竖式的结合。

师：估一估23×12大约是多少呢？上来试着圈一圈你的估算值。

生：把12估成10，把23估成20，23×12≈200，圈出估算值，也就是圈出10个20。

生：把23估成20，12不变，23×12≈240.

生：把12估成10，23不变，23×12≈230，

师：大家拿出探究单，在探究单上圈出这种估算方法的估算值。

学生在点子图上圈出10个23。

师：要求出准确值，我们还得怎么做？

生：圈出的部分加上剩余的部分。

活动：圈一圈然后算一算。

展示生：23×10=230

　　　　23×2=46

　　　　230+46=276

根据学生的计算方法总结共同点：

先分后合

把两位数乘两位数转化成了两位数乘一位数和两位数乘整十数。体会转化的数学思想。

设计意图（落实核心素养）：

培养孩子的估算意识，然后数形结合，让孩子们体会到数形结合的核心素养。

把两位数乘两位数转化成了两位数乘一位数和两位数乘整十数。落实转化的数学核心素养。

第三环节：理解算理提炼算法

师：活动探究竖式计算法

通常我们计算时可以怎么做？用竖式把这3步清楚的表示出来。

与横式相结合，这幅作品与刚才哪位同学作品想法相同？

生1：

$$
\begin{array}{r} 23 \\ \times 2 \\ \hline 46 \end{array}
\qquad
\begin{array}{r} 23 \\ \times 10 \\ \hline 230 \end{array}
\qquad
\begin{array}{r} 46 \\ +230 \\ \hline 276 \end{array}
$$

横式比较：虽然写法不同，但是计算的想法相同。

生2：

$$
\begin{array}{r} 23 \\ \times 12 \\ \hline 276 \end{array}
$$

师：观察这个竖式，你有什么想说的？

生：竖式没有计算过程，只有计算结果。

生3：

$$
\begin{array}{r} 23 \\ \times 12 \\ \hline 230 \\ +23 \\ \times 2 \\ \hline 276 \end{array}
\qquad 合并 \qquad
\begin{array}{r} 23 \\ \times 12 \\ \hline 230 \\ +46 \\ \hline 276 \end{array}
$$

师：肯定孩子的算法，能不能合并一下这个算式？

但是我们在学习计算时候，乘法计算时候我们先从哪个数位算起？

生：个位算起。

生4：

$$
\begin{array}{r}
23 \\
\times\ 12 \\
\hline
46 \\
+230 \\
\hline
276
\end{array}
$$

竖式比较：这个写法更简便。

结合点子图。46在点子图的哪里？也就是2个23，230在点子图的哪里？也就是10个23.

生5：

$$
\begin{array}{r}
23 \\
\times\ 12 \\
\hline
46 \\
23\ \ \\
\hline
276
\end{array}
$$

生：讲解竖式的计算方法。

师：你是怎么计算的？更欣赏哪位同学的作品？

0不写你会把它当成真正的"23"，为什么可以省略？

3为什么写在十位？

生：3写在十位，表示3个十。2写在百位表示2个百。理解算理，说清算法。

学生说一说，同桌说一说，巩固算法。

设计意图（落实核心素养）：

从图形过渡到竖式，通过二次抽象，提炼出竖式的算法和写法。充分理解竖式上的23的书写位置以及23的数学意义，充分理解算理。

第四环节：感悟算法解决问题

学生通过说一说巩固算法，深入的理解竖式的计算方法，解决花坛共多少盆花。

从古至今两位数乘两位数笔算方法的展示，梳理数学历史文化，感悟数学文化与竖式息息相关。

师：学习了竖式计算法，孩子们想知道古代人们是怎么计算两位数乘两位数的吗？首先是特别有意思的印度的画线法。

早在我国明朝时期，古代人们就创造了格子法，也叫铺地锦。

除了这些，还有台湾地区的视窗法。

感悟数学文化，体会计算的本质：先分后合，一共有多少个计数单位。

竖式的两层积的意义。

练习巩固，数学与生活相结合。

设计意图（落实核心素养）：

数学文化与竖式的紧密联系，感悟数学文化。回归现实，解决数学问题，数学来源于生活，服务生活。

【板书设计】

两位数乘两位数的笔算

"保护环境"花坛一共有多少盆花？

$$23 \times 12 = 276（盆）$$

```
        23
     ×  12
     —————
        23    ——23 × 2
    + 46      ——23 × 10
     —————
       276    ——求和
```

答："保护环境"花坛一共有276盆花。

【教学反思】

本堂课的教学，教学语言还应该更简洁些，在教学中，要对各环节进一步整合，让课堂显得更加从容。两位数乘两位数笔算乘法是青岛版三年级下册的教学内容，本节课，我充分落实了新课标的教学理念，改变了以往注重算法忽视算理的教学模式，力求借助数学模型沟通新旧知识之间的联系，理解算理，掌握算法。本节课借助点子图这个直观模型，架起算理与算法之间的一座桥梁，使学生能够直观的感悟计算的道理，在开始的时候，学生根据题意列出乘法算式之后，课件显示点子图，让学生把一盆花看作一个点子，数形结合，设计的意图在于由形想到数，由数想到形，这是让孩子容易理解的模型。

从估算到准确数的计算，圈一圈，算一算，活动的时候感觉交代的很明确了，而且要求也在PPT出示了，巡视的时候还是发现有些学生不知道活动的内容，圈完后就有些不知所以了，所以这个环节后来设计中进行了改良，孩子们理解起来是有难度的，在点子图中明确了孩子们的计算步骤，改良后的课堂就顺畅了许多。

竖式的讲解欠缺火候，这节课的重点就在此处，竖式的规范写法以及竖式的算理就在这个关键的环节。一定要让那个孩子表达他们的理解，巩固孩子们的理解，从学生出发，不能一味地求快求会，让孩子们知其所以。因此，此环节放慢，放缓，让学生讲解他们的想法和理解，以此来内化算法和算理。

课堂结束后，听了专家的建议，感触颇深，运算课型的模式熟悉后，教学的思路已经清晰，但是在教学设计上面，开始的估算入手有些禁锢了孩子的思维，课堂的开始直接从分开始进入探究算理的过程，让孩子们充分体会到23个10和23个2更加的方便，直接理解了算理！

两位数乘两位数的笔算（不进位）案例分析

数学课程标准中提出"数学是人们生活、劳动、和学习必不可少的工具，能够帮助人们处理数据、进行计算、推理，数学模型可以有效地描述数学现象，数学活动必须建立在学生已有的认知发展水平和已有的知识经验基础之上。"本节课是在学生掌握了两位数乘一位数及两位数乘整十数的基础上，进一步学习两位数乘两位数（不进位）的乘法。学生在竖式的计算中从一层竖式计算过渡到两层竖式，重视学生的学习创造的过程，努力使学生在探索中获得新知。注重从学生已有的知识经验出发，使学生通过迁移类推探究新知，让学生经历创造竖式计算的过程，形成数学建模，掌握两位数乘两位数不进位乘法的笔算方法。

一、从核心素养视角设置教学目标

知识与技能：借助点子图直观感受算理，数形结合，初步掌握不进位的两位数乘两位数的笔算方法，理解其算理，熟练掌握计算的方法。

解决问题：充分体验解决不进位的两位数乘两位数计算的过程，以及形成竖式的过程。通过自主探索、合作交流，体验计算方法的多样化，并在相互比较中自主掌握优化的方法，形成数学建模。

情感态度与价值观：在探索算法和解决问题的过程中，增强自主探索、合作交流的意识，体验成功的喜悦，体会数学在生活中的应用价值。

二、从核心素养视角展开数学活动

探究与点拨：

初步感知估算的各个部分与横式的结合。估一估23×12大约是多少呢？学生在操作单上圈出23×10=230这种估算方法，为后面列式计算做铺垫。设计活动：要求出准确值，我们还得怎么做？加上剩余的部分。学生动手实践，圈一圈，然后算一算。探究算理。

本环节在估算的时候就埋入"点子图"，"点子图"提供了直观视觉，用点子图解释乘法算式的意义，也是为了更好的数形结合，为从点子图过渡到算式做准备。复习了两位数乘整十数的口算，既可以让学生直观感知，还可以唤起学生对乘法意义的理解。把点子图分成了两部分，10个23和2个23，也即是把23×12转化成了23×10和23×2，让孩子感受先分后合，把两位数乘两位数转化成了两位数乘整十数和两位数乘一位数，在此处渗透转化的数学思想。通过转化，让学生初步的感受竖式的形成过程，以此来实现算理和算法的有效融合。

生成与掌握：大胆放手，主动权交于学生，学生创造竖式。

教学过程中，教师为学生提供了充分的时间和空间，学生在活动中，根据自己的认知水平创造竖式，再组织学生进行交流，同伴间的思维碰撞及教师的适时点拨引导，使学生的感悟更加深刻。

展示一：

$$
\begin{array}{r}
23 \\
\times 12 \\
\hline
276
\end{array}
$$

展示这个作品是为了让学生更清楚竖式是一个计算的过程。

展示二：

$$
\begin{array}{r}
23 \\
\times 2 \\
\hline
46
\end{array}
\qquad
\begin{array}{r}
23 \\
\times 10 \\
\hline
230
\end{array}
\qquad
\begin{array}{r}
46 \\
+230 \\
\hline
276
\end{array}
$$

与横式做比较，虽然写法不同，但是计算的想法相同。书写也比较复杂。

展示三：

$$
\begin{array}{r}
23 \\
\times 12 \\
\hline
230 \\
+23 \\
\times 2 \\
\hline
276
\end{array}
\qquad 合并 \qquad
\begin{array}{r}
23 \\
\times 12 \\
\hline
230 \\
+46 \\
\hline
276
\end{array}
\qquad
\begin{array}{r}
23 \\
\times 12 \\
\hline
46 \\
+230 \\
\hline
276
\end{array}
\qquad 对比
$$

这幅作品是学生根据前边的点子图自己创造的竖式，非常的让人欣喜，孩子们在积极地动脑筋创造和探究，因为在圈一圈的过程中首先圈出的估成的230，自然而然的孩子们创造竖式把23×10放在上面再加上剩下的23×2，教师引导孩子进行合并，从而整合出竖式，与先计算2个23做比较，引导孩子从个位乘起。

本环节提出新要求建立竖式模型，有横式的铺垫，竖式模型的建立水到渠成，只需将横式搬一搬，就能轻松建构。学生从乘法的意义着手，结合点子图，沟通了横式与竖式之间的联系，实现了新模型的自觉建构。根据乘法的意义理解竖式的算法，说一说竖式的算法，从不同竖式模型的对比中，解释了第二部分末尾的0省略的原因，最终简化了算法。

在学生已经能够初步掌握竖式计算方法的基础上，在点子图上刻画计算的足迹。引导学生运用"点子图"揭示算理，让学生直观感知，唤起学生对乘法意义的理解，辅助学生理解竖式里各部分积的意义。"点子图"如影随形，不仅能以图"说""理"，帮助学生更好地理解算理，还将本课的难点巧妙地突破。

展示四：

$$
\begin{array}{r}
23 \\
\times\, 12 \\
\hline
46 \\
+23 \\
\hline
276
\end{array}
$$

本环节教师始终是站在组织者、引导者、参与者的角度，充分突出学生的主体地位。主要是整理竖式计算的顺序，利用乘法的口诀掌握竖式的算法。结合情境，理解46和230所表示的意义，并明确部分积的含义。将部分积所表示的意思显现化，将部分积的每个数准确定位。视觉上，让竖式模型有板有眼，辅助学生对模型有更深刻的理解和记忆，为掌握模型提供助力。在这些展示的活动中，学生思维的碰撞，倾听和质疑中，层层递进，使学生在掌握知识的同时，体验了生成的过程。

三、从核心素养视角反馈教学效果

数学文化与竖式的紧密联系，感悟数学文化。回归现实，解决数学问题，数学来源于生活，服务生活。数学文化的灌输和竖式相结合，并且体会竖式和我们的数学历史文化息息相关，每个环节都有所联系和体现，让孩子们充分体会规范的竖式的简洁。竖式的形成就是数学简洁美的体现！

学生的数学运算能力得到了较大的提高，解决生活中的实际问题，教师完成教学任务的同时，学生有效体会到了竖式的计算的道理和方法，竖式计算的模型已经深刻的记忆，更好的发展了他们的数学抽象和数学运算的能力。

第四章

规律课型

规律课教学就是让学生经历发现规律和探究规律的过程，建立发现和猜想的自觉意识，感受数学中变与不变的思想方法，养成主动思考的习惯。小学数学教学中要探究的数学规律主要集中在数与代数、图形与几何两大领域，数与代数领域中的因数与倍数的规律，积的变化规律、商不变的规律、小数及分数的基本性质、比的基本性质、比例的基本性质；四则运算的运算定律和运算性质。在图形与几何领域中平面图形的周长和面积的计算公式、立体图形中的表面积和体积公式。规律课的探究大多是从特殊到一般的过程，运用分类枚举、实验论证、推理论证的方法展开研究得到结论。本章主要从规律课的教学内容和规律课需要落实核心素养的有效融合展开研究。

第一节 规律课型教学内容梳理

项目组在吸取前两类课型研究经验的基础上，对小学阶段规律课型的教学内容进行了梳理，同时融入了数学核心素养中关键能力的培养。

基于核心素养下的小学数学课堂教学标准建设研究
——课型梳理（一年级上册）

规律教学课型

（一）第二单元：《分类与比较》

1. 核心素养

逻辑推理、直观想象

2. 落实核心素养教学实施建议

（1）创设情境，通过问题，唤醒学生对分类比较的已有经验，同时激发学生的乐于参与的兴趣，在生动活泼的、主动的具体情境中，让学生直观感受并试着自己进行分类与比较，落实数学直观想象的核心素养。

（2）通过观察、比较、经历具体分类过程，初步体验分类结果在同一标准下的一致性和不同标准下的多样性，落实逻辑推理的核心素养。

（二）智慧广场：《移多补少》

1. 核心素养

逻辑推理、直观想象、数学建模

2. 落实核心素养教学实施建议

（1）借助两个小朋友做纸花的现实情境，引导学生提出问题。

（2）注意数学思想方法的渗透。经历观察、操作、验证的数学过程，形成利用几何直观的方法解决问题的策略，发展学生的智力。

（3）解决问题的过程中，引导学生有效建模。帮助学生看清问题的本质，进而聚焦问题，解决问题。

基于核心素养下的小学数学课堂教学标准建设研究
——课型梳理（一年级下册）

规律教学课型

第二单元信息窗一：《认识钟表》

1. 核心素养

数学建模、数学抽象

2. 落实核心素养教学实施建议

（1）通过情景设置，在观察交流中认识钟表的组成，知道时针、分针的特征以及钟面数的排列规律，建立钟表的模型。

（2）通过大量学生的生活经验，学会看整时、通过观察、比较抽象出认整时的一般方法，培养学生数学抽象的能力。

基于核心素养下的小学数学课堂教学标准建设研究
——课型梳理（二年级上册）

规律教学课型

（一）第一单元信息窗3：《有关1和0的乘法》

1. 核心素养

数据分析、逻辑推理、数学运算

2. 落实核心素养教学实施建议

（1）借助情境图，引导学生提出问题，引入有关1和0的乘法，落实了数据分析的核心素养。

（2）本节课通过举例补充，引导学生观察、推理、归纳、概括，发现计算规律，落实了逻辑推理的核心素养。

（3）本节课通过举例补充，掌握有关1和0的连加计算及乘法计算方法，落实了数学运算的核心素养。

（二）第五单元信息窗4：《有关0的除法》

1. 核心素养

数据分析、逻辑推理

2. 落实核心素养教学实施建议

（1）借助情境图，引导学生讨论把几个月亮平均分，进一步学习有关0的除法，落实了数据分析的核心素养。

（2）本节课在观察和推理的过程中探索有关0的除法及计算方法，通过引导学生观察、推理、归纳、概括，得出结论，落实了逻辑推理的核心素养。

（三）智慧广场：《有顺序的数》

1. 核心素养

数据分析、逻辑推理、数学建模

2. 落实核心素养教学实施建议

（1）以情景图为导向，引导学生提取信息，发现问题、提出问题并尝试解决问题，落实了数据分析的核心素养。

（2）经历归纳、类比，推理研究出有顺序的数规律方法，落实了逻辑推理的核心素养。

（3）通过有顺序的数，引导学生用数学方法构建模型解决问题，落实了数学建模的核心素养。

（四）智慧广场：《分类列举》

1. 核心素养

数据分析、逻辑推理、数学建模

2. 落实核心素养教学实施建议

（1）利用情景图，引导学生提取信息，发现问题、提出问题并尝试解决问题，落实了数据分析的核心素养。

（2）从情境问题解决出发，根据规则推出分类列举的规律，参与研究推理过程，落实了逻辑推理的核心素养。

（3）在分类列举规律总结中，学生经历发现和提出问题，建立求解模型，运用模型的过程，落实了数学建模的核心素养。

基于核心素养下的小学数学课堂教学标准建设研究
——课型梳理（二年级下册）

规律研究课型

《找规律》

1. 核心素养

数学建模、数学抽象

2. 落实核心素养教学实施建议

（1）在掌握了有余数除法的基础上进行排列规律的认识，通过具体情境，理解规律的排列顺序，进行数学抽象，列出算式。

（2）通过计算，理解排列规律的计算，形成数学模型，落实了数学建模的核心素养。

基于核心素养下的小学数学课堂教学标准建设研究
——课型梳理（三年级上册）

规律研究课型

（一）第七单元：《时、分、秒的认识》

1. 核心素养

数学抽象、数学建模、直观想象、逻辑推理

2. 落实核心素养教学实施建议

（1）借助学生已有的生活与知识经验，结合具体情境，动手操作、交流归纳，认识时间单位，落实数学建模的核心素养。

（2）明确难点，各个击破。教学时找准学生疑惑的地方进行有效引导，比如在时分秒教学时，快速数出大格和小格格数、计算钟面的时间，让学生小组交流合作探究，及时引导学生总结算法，培养学生数学运算能力。

（3）引导学生结合生活经验进行总结归纳，注重逻辑推理素养形成的过程，这样可以有效地让学生形成有条理、合乎逻辑的思维品质。借助经验和直觉在实际情境中感受时分秒、体验时分秒，建立时间观念，经历从具体的事物中抽象出数学模型的过程。

（4）培养学生估算时间的能力，结合生活经验，一节课，一个课间，从家到学校所用时间，体验时间的长短，再设计学生感兴趣的活动，让学生听音乐、做动作估计时长，发展了数学逻辑推理能力。

（5）明确时、分、秒三者之间运算的算理，选择合适的运算方法，计算正确的运算结果，落实数学运算的核心素养。

（二）智慧广场：《组合中的学问》

1. 核心素养

数学建模、逻辑推理

2. 落实核心素养教学实施建议

（1）教学时，结合具体情境，借助实物教具，让学生操作搭配，找出所有的组合方法，提高学生兴趣，激发参与热情，易于达到学习效果。

（2）鼓励学生说说自己的见解，用数学知识解决生活中的问题，并转换成数学语言，用数学的方式表示出来，落实数学建模的核心素养。

基于核心素养下的小学数学课堂教学标准建设研究
——课型梳理（三年级下册）

规律研究课型

（一）智慧广场：《倒推法》

1. 核心素养

直观想象、数学抽象、逻辑推理、数学建模

2. 落实核心素养教学实施建议

（1）引导学生用画示意图和线段图的方法整理信息和问题，明白事情发生的先后顺序和数量间的关系，试着从结果出发，倒过来推想。培养了直观想象和逻辑推理能力。

（2）由直观向抽象过渡，安排不同题目的练习，放手让学生主动探索，理解"倒过来推想"的策略。落实数学建模的核心素养。

（二）智慧广场：《根据周期规律进行推算》

1. 核心素养

逻辑推理、数学建模、直观想象

2. 落实核心素养教学实施建议

（1）学生根据已有的知识经验，用列举和推理两种方法得出结论，明白每七天就是一个周期的规律，培养直观想象和逻辑推理的数学素养。

（2）引导学生利用时间周期的规律，经历方法逐步优化的过程，掌握用除法计算解决周期问题的方法。

基于核心素养下的小学数学课堂教学标准建设研究
——课型梳理（四年级上册）

规律研究课型

（一）41页相关链接：《积的变化规律》

1. 核心素养

逻辑推理、数学建模

2. 落实核心素养教学实施建议

（1）本相关链接，呈现了蕴含着规律的两组算式，借助学生的发现、猜测、验证、总结，引入对积的变化规律的学习。

（2）通过观察、比较探究积旳变化规律。落实逻辑推理的核心素养。

（3）引导学生运用规律解决问题，落实学生数学建模的核心素养。

（二）72页相关链接：《商不变的性质》

1. 核心素养

数学建模、逻辑推理

2. 落实核心素养教学实施建议

（1）通过呈现一张表格，让学生根据表格中的数据观察、探索总结得出商不变的性质。落实数学逻辑推理的核心素养。

（2）引导学生将商不变的性质应用到解决实际问题中，提高学生的应用意识。

基于核心素养下的小学数学课堂教学标准建设研究
——课型梳理（四年级下册）

规律研究课型

（一）第四单元信息窗2：《三角形三边的关系》

1. 核心素养

直观想象、数学建模、逻辑推理

2. 落实核心素养教学实施建议

（1）创设情境，在"能否围成三角形"的问题情境中，通过动手操作培养学生直观想象的核心素养。

（2）通过数学运算及数据分析培养学生逻辑推理能力。

（3）通过数据梳理、归纳概括出三角形三边关系，从而培养学生数学建模的核心素养。

（二）第三单元信息窗1：《加法交换律、结合律》

1. 核心素养

数学运算、数学建模、逻辑推理

2. 落实核心素养教学实施建议

（1）创设生活情境，让学生在读信息、提问题、列算式一系列活动中，通过观察、比较，概括出加法结合律和交换律，落实逻辑推理的核心素养。

（2）通过反复举例验证加法交换律、结合律的应用，引导学生经历用字母符号表示规律的过程，扩大学生对加法交换律和结合律的认识，建立字母模型，落实数学抽象和数学建模的核心素养。

（3）通过观察、验证、归纳总结的过程，进一步加深对加法交换律和结合律的认识并应用运算律进行简便算法，落实数学建模的核心素养。

（三）第五单元信息窗1：《小数的性质》

1. 核心素养

数学抽象、逻辑推理

2. 落实核心素养教学实施建议

（1）为学生提供现实情境，让学生通过猜想、比较、归纳等活动概括出小数的性质，落实数学抽象的核心素养。

（2）学生小组内讨论交流，举例验证，引导学生进一步感知小数的性质，学生通过化简小数，改写小数，进一步应用小数的性质，加深学生对小数的性质的理解和认识，落实逻辑推理的核心素养。

（四）第三单元信息窗3：《乘法分配律》

1. 核心素养

数学抽象、数学建模、逻辑推理

2. 落实核心素养教学实施建议

（1）创设问题情境，学生通过解决问题初步感知，并通过进一步的猜想、验证、归纳，在丰富的实例中抽象出规律，落实数学抽象的核心素养。

（2）提出数学问题，解决数学问题，猜想、推理"模型"的存在，学生用自己的语言解释规律，运用数学语言抽象概括出"模型"，落实数学建模的核心素养。

（五）第三单元信息窗2：《乘法交换律、结合律》

1. 核心素养

数学抽象、数学建模、数学运算

2. 落实核心素养教学实施建议

（1）创设生活情境，让学生在读信息、提问题、列算式一系列活动中，小组合作通过对比加法交换律和结合律抽象概括出乘法结合律和交换律的定义。落实数学抽象的核心素养。

（2）通过反复举例验证乘法交换律、结合律的应用，引导学生经历用字母符号表示规律的过程，加强学生对乘法交换律和结合律的认识，建立字母模型。落实数学建模的核心素养。

（3）通过观察、验证、归纳总结的过程，进一步加深对乘法交换律和结合律的认识并应用运算律进行简便算法，在练习的过程中积累特殊数值相乘的特点。增强学生的数感，提高运算能力。落实数学运算的核心素养。

（六）第五单元信息窗3：《小数点移动的规律》

1. 核心素养

数学抽象、数据分析、逻辑推理

2. 落实核心素养教学实施建议

（1）通过趣味情境的引入，观察信息、提出问题、利用计算器计算结果。小组合作探讨数据特点，经过数据的观察、探索、分析抽象概括出小数点向左移动使数大小发生变化的规律。落实数据分析和数学抽象的核心素养。

（2）通过例题活动让学生亲身体验，对比感受规律之间的关系，在计算的过程中学生对得数进行思考，总结小数点向右移动使数大小发生变化的规律。经历思维的加工和概括提炼，落实数学逻辑推理的核心素养。

基于核心素养下的小学数学课堂教学标准建设研究
——课型梳理（五年级上册）

规律研究课型

（一）第六单元信息窗2：《2和5的倍数特征》

1. 核心素养

数学抽象、逻辑推理、直观想象

2. 落实核心素养教学实施建议

（1）让学生观察情境图，发现并提出问题，再借助"百数表"和"列举法"，用不同的符号分别圈出2和5的倍数，落实了数学抽象的核心素养。

（2）引导学生猜测2、5的倍数特征，并进行举例验证，归纳总结出其特征。落实了直观想象、逻辑推理的核心素养。

（二）第六单元信息窗2：《3的倍数特征》

1. 核心素养

数学抽象、逻辑推理、直观想象

2. 落实核心素养教学实施建议

（1）让学生观看"叠罗汉表演"，明确表演的人数是3的倍数，引导学生在"百数表"和"列举法"中找出3的倍数，发现3的倍数与个位上的数没有关系，培养学生的观察、类比、猜想能力，落实数学抽象和直观想象的核心素养。

（2）借助计数器（摆小棒），拨出（摆）3的倍数，学生观察珠子（小棒）的个数与3的关系，发展学生探索和动手操作的能力，落实直观想象和逻辑推理的核心素养。

（3）在操作体验的基础上，引领学生把珠子的个数（小棒根数）的特征，转变为数本身的特征，归纳总结出3的倍数特征，培养学生缜密思考的习惯，落实逻辑推理的核心素养。

（三）第五单元信息窗1：《平行四边形的面积》

1. 核心素养

数学抽象、直观想象、逻辑推理、数学建模

2. 落实核心素养教学实施建议

（1）借助情境图，引出如何计算平行四边形的面积。学生依据已有的经验，大胆猜想，发展学生的观察、迁移类推能力，落实了数学抽象和直观想象的核心素养。

（2）让学生利用数方格的方法，发现"平行四边形的面积与临边没有关系，而是与底和高有关"，培养学生观察、分析、判断的能力，落实了直观想象的核心素养。

（3）让学生通过量、折、剪、拼等操作活动，运用类推、转化等方法，探索出了平行四边形面积的计算公式，培养了学生动手操作、合作探究的能力，落实了逻辑推理和数学建模的核心素养。

（四）第五单元信息窗2：《三角形的面积》

1. 核心素养：

数学抽象、直观想象、逻辑推理、数学建模

2. 落实核心素养教学实施建议：

（1）借助情境图，引出如何计算三角形的面积。学生依据已有的经验，大胆猜想，发展学生的观察、迁移类推能力，落实了数学抽象和直观想象的核心素养。

（2）学生通过利用一个或者两个三角形，借助量、折、剪、拼等操作活动，经历体验感悟三角形面积计算的过程，培养了学生动手操作、自主探索的能力，落实了直观想象的核心素养。

（3）在动手操作的基础上，学生借助两个完全相同的三角形可以转化成平行四边形，引导学生理解三角形与拼成的平行四边的面积与底、高的关系，从而归纳其面积计算公式，发展学生的空间观念，培养归纳推理和语言表达能力，落实了逻辑推理和数学建模的核心素养。

（四）第五单元信息窗3：《梯形的面积》

1. 核心素养：

数学抽象、直观想象、逻辑推理、数学建模

2. 落实核心素养教学实施建议：

（1）借助情境图，引出如何计算梯形的面积。学生依据已有的经验，大胆猜想，发展学生的观察、迁移类推能力，落实了数学抽象和直观想象的核心素养。

（2）学生借助已有知识经验，用两个完全相同的梯形拼成一个平行四边形，或者用一个梯形剪、拼成学过的其他图形。对比分析，发现拼成后的平行四边形与原梯形的关系，推导出梯形的面积公式。发展了学生的空间观念，培养了归纳推理和语言表达能力，落实了逻辑推理和数学建模的核心素养。

（五）智慧广场：《排列问题》

1. 核心素养：

数学抽象、逻辑推理、直观想象

2. 落实核心素养教学实施建议：

（1）通过情境图中，三个同学照相排列顺序不同，可以有几种不同的排列方法，引出排列问题，渗透排列思想，落实了数学抽象的核心素养。

（2）在小组合作探究中，用汉字、字母、数字、符号等不同的方法，排列出所有的情况。梳理出有序的排列是最佳方法，渗透了数形结合的思想，培养了学生的思维的有序性，落实了逻辑推理和直观想象的核心素养。

基于核心素养下的小学数学课堂教学标准建设研究

——课型梳理（五年级下册）

规律研究课型

（一）第二单元信息窗3：《分数的基本性质》

1. 核心素养

数学抽象、数学建模、逻辑推理

2. 落实核心素养教学实施建议

（1）学生能够理解和掌握分数的基本性质，并能体会其与相关数学知识之间的联系。落实逻辑推理的核心素养。

（2）让学生经历基于生活的直觉猜想，通过观察与实践、分析与综合去经历数学思考，并体验数学思维的魅力。落实数学建模的核心素养。

（3）让学生运用分数的基本性质解决数学问题，并在其中感受数学知识的应用价值。落实数学抽象的核心素养。

（二）相关链接：《分数与小数互化》

1. 核心素养

数学抽象、数学建模、逻辑推理

2. 落实核心素养教学实施建议

（1）使学生理解并掌握分数化成小数的方法，能应用分数的基本性质、分数与除法的关系把分数化成小数，并能灵活的选择适当的方法把分数化成小数。落实数学抽象和数学建模的核心素养。

（2）通过教学培养学生观察、比较、归纳、概括等能力，同时培养学生的创新意识和创造能力。落实逻辑推理的核心素养。

基于核心素养下的小学数学课堂教学标准建设研究

——课型梳理（六年级上册）

规律研究课型

（一）第四单元信息窗1：《比的基本性质》

1. 核心素养

逻辑推理、数学建模

2. 落实核心素养教学实施建议

（1）通过对商不变的规律，分数的基本性质的深入研究，和被除数，除数，分子，分母，比的前项后项的关系经验，迁移类推比的基本性质，提出猜想。

（2）通过推理举例验证，总结出比的基本性质，渗透了转化思想，培养了学生的逻辑推理能力，构建更加形象地具体的解决数学问题的模型。

（二）第五单元信息窗2：《圆的周长》

1. 核心素养

逻辑推理、数学建模

2. 落实核心素养教学实施建议

（1）从一个实际生活问题中抽象出数学问题，通过画大小不同的圆，观察圆的周长和直径，半径的大小，提出猜想周长与直径和半径有关。培养核心素养的直观想象。

（2）通过测量多个大小不同的圆的周长和直径，计算圆的周长和直径关系，推导出周长与它直径的倍数关系，并通过语言的抽象描述规律，落实数学建模的核心素养。

（三）第五单元信息窗3：《圆的面积》

1. 核心素养

直观想象、数学建模、数学运算

2. 落实核心素养教学实施建议：

（1）通过具体情境让学生猜测圆的面积大小和谁有关，引发学生思考，通过"割圆术"的数学文化让学生理解圆的面积比半径的平方两倍多四倍少。

（2）通过学生动手操作把圆平均分成若干个小扇形，平均分的分数越多，拼成的图形越接近长方形，理解"化圆为方"，感悟转化思想在几何学中的妙用。观察圆的面积和长方形的面积，长方形的长、宽与圆的周长、半径有关，培养直观想象的核心素养。

（3）通过操作、观察和推理，根据长方形面积的计算方法推导出圆的面积公式，落实数学推理能力，建立数学公式推导的模型思想。

（四）智慧广场：《列表解决问题》

1. 核心素养

逻辑推理、数学建模

2. 落实核心素养教学实施建议

（1）通过解决实际买巧克力的问题，让学生经历列举的全过程，帮助学生体会"一一列举"策略的一般方法，建立"一一列举"策略的数学模型。

（2）通过学生亲身体验，优化列表的方法，通过完整的列表帮助学生进一步分析，确定合乎题目的答案，培养学生的逻辑推理能力和数学模型思想。

基于核心素养下的小学数学课堂教学标准建设研究
——课型梳理（六年级下册）

规律研究课型

（一）第二单元信息窗2：《圆柱的表面积》

1. 核心素养

直观想象、数学建模、数学运算

2. 落实核心素养教学实施建议

（1）以小组为单位，通过剪一剪，拼一拼等活动抽象出圆柱的表面积是一个侧面的面积和两个底面的面积。落实数学抽象和直观想象的核心素养。

（2）通过观察、拆、拼让学生总结概括出长方形的长就是圆柱的底面周长，长方形的宽就是圆柱的高。从而推导出圆柱的侧面积公式。在会求侧面积的基础上再加两个圆的面积就是圆柱的表面积，从而总结出求圆柱表面积的计算方法的模型落实数学建模的核心素养。

（3）利用圆柱的表面积解决生活中的实际问题使学生能够学为所用，落实数学运算的核心素养。

（二）第二单元信息窗3：《圆柱的体积》

1. 核心素养

直观想象、数学建模、数学运算

2. 落实核心素养教学实施建议

（1）在具体情境下引导学生动手操作把圆柱体的学具的底面积分成许多相等的扇形，沿扇形把圆柱切开，再把它拼起来就转化成近似的长方体了，（多媒体展示分的份数越多拼成的图形越接近长方体，体验转化和极限的思想。）落实数学抽象和直观想象的核心素养。

（2）学生在操作、比较中归纳、总结出长方体和圆柱体之间的联系，根据长方体和圆柱体之间的联系抽象概括出圆柱体的体积公式：圆柱的体积=底面积×高（v=s·h）落实数学建模的核心素养。

（3）利用圆柱的体积解决生活中的实际问题培养学生的运算能力，落实数学运算的核心素养。

（三）第三单元信息窗1：《比例的基本性质》

1. 核心素养

直观想象、数学建模、数学运算

2. 落实核心素养教学实施建议

（1）了解比例各部分的名称，让学生经历观察、猜测、举例、验证归纳等教学活动经历探究比例基本性质的过程，渗透有序思考，感受变与不变的思想。落实逻辑推理的核心素养。

（2）在探究比例基本性质的过程中，引导学生用自己的语言归纳出比例基本性质，通过简练的分层练习，深化比例的基本性质，落实数学建模的核心素养。

（3）利用比例的基本性质解决实际问题，体验比例基本性质的应用价值。落实数学运算的核心素养。

第二节　规律课教学模式

基于核心素养下的小学数学规律课教学模式是山东省基础教育改革项目《基于核心素养下的小学数学课堂教学标准建设研究》的重要组成部分。小学数学规律课教学是引导学生经历观察、猜想、实验、推理等活动发现数学中的规律，培养学生的观察、分析、推理能力，让学生发现和欣赏数学规律美的一种数学课型。在学生探索规律的过程中，提升学生动手实践的能力，抽象概括的能力及逻辑推理的能力，最终提升学生的分析问题和解决问题的能力，本课型教学模式的研究是对小学课堂教学标准建设研究的深化。经过项目组成员和所有实验教师的共同努力，初步总结出基于核心素养下的小学数学规律课课堂教学的模式。

一、生活感知，提出问题

在小学数学教学中，由于学生年龄较小，对于数学规律的学习和掌握比较欠缺，继而影响学生探究欲望的激发和获得结论的成功体验。因此规律课就要结合现实生活情境，从学生的生活实际出发，获取数学信息，提取教学素材，找到贴近学生生活的情境，激发学生的学习兴趣，调动学生积极探索欲望，提出有效问题。让学生充分地感受到生活中处处有数学。

二、合理猜想，探究规律

根据数学规律探究的对象与任务、过程与方法的特点，可以使学生经历从问题出发，通过观察、测量的数据记录或者类比等多种路径形成猜想，通过验证、归纳探索并发现其中蕴藏的规律，对事物的规律有初步的了解，然后运用分类枚举、实验论证、推理论证等方法对猜想进行验证，初步感知规律。

三、实践发现，抽象规律

在探究规律的过程中，通过观察、类比、操作、交流等数学活动，引导学生发现规律。在交流过程中，要培养学生学会倾听质疑，进而引导学生用数学语言抽象概括出规律。

四、问题解决，运用规律

在解决问题的过程中，培养学生运用数学规律解决实际问题的能力，感受数学与生活的密切联系，增强应用数学的意识。学生在运用规律的同时，感受在解决实际问题中的作用和价值，问题设计结合学生生活实际，使学生真切感受到数学来源于生活，又服务于生活，培养学生全面分析问题的意识及学习数学的积极情感。

附：规律课课堂教学标准流程图

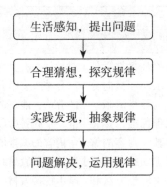

总之在规律课的教学过程中，教师要注重紧密联系学生的生活实际，从学生已有的认知基础和生活经验出发，在生活中获取数学信息、发现问题，提出问题；引导学生进行大胆猜想，实践验证，经历规律的生成过程；通过探究及时归纳，生成规律；运用规律，解决问题。使学生在探究规律时所体现的数学抽象、逻辑推理、数学建模等关键能力得到较大提高。

第三节　规律课型教学标准

规律课教学内容在小学中、高年级较多，这与规律课教学的特点和学生的认知规律有关，项目组在全县范围内对规律课课堂教学进行听课和评课活动，经过反复研讨制定出规律课课堂教学标准，包括教师教的标准、学生学的标准和评价标准。

教师教的标准

评价维度	评价指标	水平层级		
		优秀	良好	合格
教学设计	教材分析与核心素养	对教材中有关规律教学部分有清楚地纵向和横向分析，知识结构脉络清晰；深入研读课程标准，熟悉各学段规律教学内容的编排依据；能主动挖掘教材中蕴含的数学思想方法和关键能力；将教学内容与数学核心素养恰当对接。	对教材中有关规律教学部分基本有纵向和横向的分析；能研读课程标准，了解各学段规律教学内容的编排依据；能整体把握教材结构；能基本挖掘教材中蕴含的数学思想方法和关键能力；将教学内容与数学核心素养对接。	对教材中有关规律教学部分纵向和横向的分析不够明确；各学段规律教学内容的编排依据模糊不清；不能整体把握教材结构；对教材中蕴含的数学思想方法和关键能力挖掘不到位。
	学情分析与核心素养	明确规律课需要培养的核心素养，掌握学生已有生活经验、心理特点、认知发展水平，找准学生学习规律教学内容新知的起点。	基本明确本节课需要培养的核心素养要点，能了解本班学生已有生活经验、心理特点、认知发展水平。	能了解本节课需要培养的核心素养要点，对本班学生已有生活经验、心理特点不能完全把握。

续 表

评价维度	评价指标		水平层级		
			优秀	良好	合格
教学设计	教学目标		教学目标明确，符合课程标准，规律知识、数学能力和价值观念等。目标描述科学、准确、严谨、全面，充分落实核心素养。	教学目标基本明确，能符合课程标准，规律知识、数学能力和价值观念等。目标描述科学准确、规范，落实部分核心素养。	教学目标不够明确，目标描述不够规范，没有落实核心素养。
	课堂教学规划	生活感知，提出问题	1. 素材能很好地承载规律教学内容，为学生探究规律提供研究平台。 2. 能激发学生的学习兴趣，激发学生的猜想欲望。	1. 素材能承载教学内容。 2. 能激发学生的学习兴趣，调动学生潜能。	1.素材基本能承载教学内容，比较单一。 2. 基本能激发学生的学习兴趣，调动学生潜能。
		合理猜想，探究规律	1.有效利用学生已有的知识经验，引发学生进行合理猜想。 2. 充分调动多种感官参与实践活动，为学生创设充足探究规律的空间。 3.学生能有效进行操作，通过观察、实验、推理等多种活动初步感知规律。	1.可以利用学生已有的知识经验，引发学生进行猜想。 2.能调动部分感官参与实践活动，能为学生创设探究规律的空间。 3.学生能进行操作，通过观察、实验等活动发现规律。	1.学生能根据情境进行猜想。 2.学生基本能进行操作，通过观察、实验等活动不能发现完整的规律。
		实践发现，抽象规律	1. 规律的研讨活动目标明确，有效引导学生进行探究。 2.教师给学生适时点拨，引导学生抽象规律。 3.学生能用数学语言准确清晰地表述规律。	1.规律的研讨活动有目标，能引导学生进行探究。 2.教师能给学生点拨，引导学生发现规律。 3.学生用数学语言表述规律不完整。	1.规律的研讨活动有目标不明确，不能有效引导学生进行探究。 2.教师不能给学生恰当点拨，未能有效引导学生探究。 3.学生不能独立用数学语言表述规律。

续 表

评价维度	评价指标		水平层级		
			优秀	良好	合格
教学设计	课堂教学规划	问题解决，运用规律	1.能有效运用规律解决生活中的实际问题并诠释现象。 2.通过解决问题训练学生灵活运用规律的能力，构建数学模型。 3.通过分层练习，积累解决问题的经验。	1.能运用规律解决生活中的实际问题。 2.通过解决问题训练学生运用规律的能力，构建数学模型。 3.通过练习，积累解决问题的经验。	1.在老师的引导下解决生活中的实际问题。 2.通过练习，未达到积累解决问题的经验的效果。
教学活动		教师活动	1.教师创设生活情境，引导学生进行合理猜想。 2.规律的探究活动，目的明确、过程真实、方法科学、调控进度； 3.及时引导、交流猜想抽象规律。 4.运用规律解决问题，拓展适当，促进学生逻辑推理能力的发展。	1.教师创设情境，引导学生进行猜想。 2.规律的探究活动，有目标，有过程、有方法。 3.能引导、发现规律；能解决问题，学生建立模型思想，基本能落实核心素养。	1.教师创设情境单一，不能很好地引导学生进行猜想。 2.探究目的不明确。 3.未能及时引导、交流提炼、基本生成规律模型；解决问题，拓展不够适当，未能促进学生知识与能力的发展，不能有效的落实核心素养。
		设计意图	1.深刻领会规律课涉及的相关核心素养。 2.对照规律课课型梳理表，依据探究规律的特点，进行个性化添加，科学开展教学设计。	1.领会规律课相关核心素养内涵。 2.对照规律课课型梳理表，依据探究规律的特点，可以开展教学设计。	1.了解规律课相关核心素养内涵。 2.对照课型梳理表，依据探究规律的特点，基本能开展教学设计。
		教学效果	1.能充分完成规律课的教学任务、达到预设目标。 2.有效解决相关问题，培养学生的逻辑推理能力和数学模型思想。	1.能完成规律课教学任务、达到预设目标。 2.可以解决相关问题，帮助学生构建数学模型思想。	1.能基本完成本课任务、达到预设目标， 2.仅解决部分相关问题，不能很好地培养数学能力。

评价维度	评价指标	水平层级		
		优秀	良好	合格
教学活动	教学评价	1.教师对学生的猜想能适时评价。引导学生探索规律。 2.教师有效引导学生抽象规律，培养学生的模型思想。	1.教师对学生的表现能评价，评价方式单一、评价语言简单。 2.教师能引导学生抽象规律，培养学生的模型思想。	1.教师对学生的表现不能及时恰当的评价。 2.教师不能有效引导学生抽象规律，学生的模型化思想得不到培养。

学生学的标准

教学环节	评价维度	评价指标		
		优秀	良好	合格
第一环节	生活感知，提出问题	1.学生能在具体的生活情境中迅速发现数学信息，并熟练对数学信息进行重组从而提出数学问题。 2.根据提出的问题，能精准分类并提炼本节课需要解决的问题。	1.学生能在具体的生活情境中发现数学信息，并对数学信息进行重组从而提出数学问题。 2.根据提出的问题，能分类并找出本节课需要解决的问题。	1.学生能在情境中发现数学信息，并提出数学问题。 2.根据提出的问题，能找出本节课需要解决的问题。
第二环节	实践发现，抽象规律	1.学生借助学具在实践活动中充分探究，发现其中蕴含的规律现象。 2.通过小组合作，独立思考，抽象出数学规律。 3.通过汇报交流有效解新发现。	1.学生借助学具进行探究，能发现蕴含的规律现象。 2.通过小组合作，独立思考，抽象部分数学规律。 3.通过汇报交流能基本理解新发现。	1.学生借助学具进行探究，发现蕴含的部分规律现象。 2.通过小组合作，独立思考，发现部分数学规律。 3.通过汇报交流基本完整表述数学规律。
第三环节	合理猜想，探究规律	1.学生通过分类枚举、实验论证、逻辑推理等多种方法形成合理猜想。猜想的验证从探究到内化，形成科学规范的数学规律。	1.学生基本能进行合理猜想。猜想的验证从探究到内化，基本能形成数学规律。	1.学生能进行猜想。猜想的验证从探究到内化，能形成部分数学规律。

教学环节	评价维度	评价指标		
		优秀	良好	合格
第三环节	合理猜想，探究规律	2.加深对规律的理解，从而实现由"合理猜想"向"规律本质"的深入，促使规律清晰化。	2.对规律的理解，基本实现由"合理猜想"向"规律本质"的深入。	2.对规律的理解，不能实现由"合理猜想"向"规律本质"的深入。
第四环节	解决问题，运用规律	1.学生能灵活运用规律解决实际问题，培养分析问题和解决问题的能力。 2.深入理解规律的意义，感受其在解决实际问题中的作用和价值。 3.切实培养学生数学抽象、逻辑推理、数学模型、直观想象等核心素养。	1.学生能运用规律解决实际问题，培养分析问题和解决问题的能力。 2.初步理解规律的意义，感受其在解决实际问题中的作用和价值。 3.能培养学生部分核心素养。	1.学生不能灵活运用规律解决实际问题。 2.不能完整理解规律的意义，不能完全感受其在解决实际问题中的作用和价值。 3.不能很好地培养学生的核心素养。

评价标准

评价维度	评价指标	水平层级		
		优秀	良好	合格
教学目标	知识与技能	1.结合生活实际，理解并掌握规律。 2.通过猜想、验证、归纳总结得出规律，引导学生经历规律的生成过程。 3.熟练运用规律，解决实际问题。	1.结合生活实际，初步理解规律。 2.通过猜想、验证、归纳初步得出规律，引导学生经历规律知识产生的过程。 3.能基本运用规律，解决实际问题。	1.结合生活实际，了解规律的本质。 2.通过猜想、验证发现规律，引导学生探究规律。 3.不能灵活运用规律，解决实际问题。
	数学思考	1.结合具体实例熟练进行合理猜想。	1.结合具体实例能进行合理猜想。	1.结合具体实例能进行猜想。

续 表

评价维度	评价指标	水平层级		
		优秀	良好	合格
教学目标	数学思考	2.经历自主探索规律的过程，通过观察、比较、操作、交流等数学活动，发展学生的推理能力。 3.能用数学语言完整表达规律的探究过程。	2.经历探索规律的过程，发展学生的推理能力。 3.能用数学语言表达规律的探究过程。	2.探索规律的过程，初步培养学生的推理能力。 3.用数学语言描述规律。
	解决问题	1.在探索规律的形成过程中，经历观察、类比、操作、交流等数学活动，熟练运用猜想、比较、转化、归纳等数学思想方法解决问题。 2.在自主探索与合作交流规律的过程中，准确表达解决问题的大致过程和结果，积累与同伴合作解决问题的经验。	1.在探索规律的形成过程中，经历观察、操作、交流等数学活动，能运用猜想、转化等数学思想方法解决问题。 2.在自主探索与合作交流规律的过程中，基本表达解决问题的过程和结果，积累解决问题的经验。	1.探索规律时，经历观察、操作等数学活动，不能灵活运用猜想、转化等数学思想方法解决问题。 2.探索与交流规律时，不能完整表达解决问题的过程和结果。
	情感态度	1.使学生经历主动参与探索、发现和概括规律的学习活动，培养学生学习数学的积极情感。 2.在探索规律的过程中，感受数学与生活的密切联系，增强应用数学的意识。	1.使学生经历参与探索、发现和概括规律的学习活动，培养学生学习数学的情感。 2.在探索规律的过程中，感受数学与生活的联系。	1.使学生经历参与探索、发现规律的学习，培养学习数学的兴趣。 2.在探索规律的过程中，能简单描述规律。
教学活动	探究与点拨	合理猜想，激发学生探究欲望。在学生经历观察与实验、猜想与验证的活动中，教师及时点拨，有效培养学生的探究意识和能力。	合理猜想，激发学生探究欲望。在学生经历观察与实验、猜想与验证的活动中，培养学生的探究意识和能力。	在学生经历观察与实验、猜想与验证的活动中，初步培养学生的探究意识和能力。

续表

评价维度	评价指标	水平层级		
		优秀	良好	合格
教学活动	交流与归纳	师生通过探究，在发现规律、概括规律时，要学会倾听与质疑，便于有效交流，进而归纳出本课题的规律。	师生通过探究，在发现规律、概括规律时，要学会倾听与质疑，便于交流，初步总结规律。	师生通过探究，在发现规律、概括规律时，要学会倾听与质疑，便于交流，初步总结规律。
	生成与掌控	教学时，教师要注重紧密联系学生的生活实际，从学生已有的认知基础和生活经验出发，引导学生进行大胆猜想，实践验证，有效把控课堂中的生成，及时归纳，生成规律，	教学时，教师要联系学生的生活实际，从学生已有的认知基础和生活经验出发，引导学生进行猜想，实践验证，把控课堂中的生成，及时归纳规律。	教学时，教师要联系学生的生活实际，引导学生进行猜想，实践验证，及时归纳规律。
	评价与反思	在探究规律的过程中，教师要及时评价，特别要注重引导学生运用猜想、验证、归纳总结等方法解决问题，使学生在掌握知识的同时，体验数学思想方法。	在探究规律的过程中，教师要评价，特别要注重引导学生运用猜想、验证、归纳总结等方法解决问题，并感知数学思想方法。	在探究规律的过程中，教师要引导学生运用猜想、验证、归纳总结等方法解决问题。
教学效果	掌握必备知识	熟练完成教学任务，掌握所学规律，达到预定目标。	完成教学任务，理解所学规律，基本达到目标。	完成部分教学任务，了解所学规律，达到部分目标。
	培养关键能力	完成教学任务，在探究规律时所体现的数学抽象、逻辑推理、数学建模等关键能力得到较大提高。	完成教学任务，在探究规律时所体现的数学抽象、逻辑推理等部分能力得到提高。	完成教学任务，在探究规律时，学生能初步感知所体现的数学抽象、逻辑推理等。

续 表

评价维度	评价指标	水平层级		
		优秀	良好	合格
教学效果	体现核心价值	完成教学任务，培养学生运用数学规律知识解决实际问题的能力，这样不仅能帮助学生感悟前人的智慧，而且帮助学生形成正确的人生观、价值观、世界观。	完成教学任务，学生掌握数学规律知识并解决实际问题，帮助学生感悟前人的智慧。	完成教学任务，学生理解数学规律知识并解决简单的实际问题。

第四节　规律课型典型案例及分析

　　规律课教学能有效培养学生分析问题和解决问题的能力，而且在真正的教学中有许多教师不是引导学生探究规律而是教规律，再通过反复练习强化规律，针对这一现状，项目组特以《圆的周长》为例对规律课的课堂教学标准进行解读与分析。

《圆的周长》教学设计

平原县文昌小学　肖　凡

【教材分析与核心素养】

　　《圆的周长》是学生在三年级上册学习了周长的一般概念以及长方形、正方形周长计算，并初步认识了圆的基础上进行教学的。它是学生初步研究曲线图形的基本方法的开始，也是后面学习圆的面积以及今后学习圆柱、圆锥等知识的基础，是小学几何初步知识教学中的一项重要内容。通过本节课的学习，进一步培养学生动手实践、团结协作、解决问题的能力。学生在学习测量方法的过程中体会化曲为直的思想方法，研究圆周长与直径关系时发展学生几何直观能力，并完成圆周长计算公式的数学建模，体会和理解数学与外部世界的联系。

【学情分析与核心素养】

　　学生已经认识了周长的含义，并学习了长方形正方形的周长的计算。知道圆是日常生活中常见的图形，可通过直观演示、实际操作帮助学生解决问题。但圆是曲线图形，是一种新出现的平面几何图形，这在平面图形的周长计算教学上又深了一层。特别是圆周率这个概念也较为抽象，探索圆周率的含义以及推导圆周长计算公式是教学难点，学生不易理解。因为上课班级是五年级学生，孩子们分数的意义、分数乘除法、比的意义、求比值等知识均没有学习，孩子的知识障碍是本节课最突出且不容易克服的难点。

【教学目标】

知识与技能：理解圆周率的意义，掌握圆的周长计算公式，并能解决实际问题。

过程与方法：经历圆的周长计算公式的探究过程，体验解决问题策略的多样化，渗透转化、归纳、推理、建模等数学思想，进一步发展学生的空间观念。

情感态度与价值观：在解决实际问题的过程中感受圆的周长与生活的密切联系，培养学生的应用意识。

【教学重点】

引导学生在活动中探索圆的周长计算公式。

【教学难点】

正确理解圆周率的意义。

【教学过程】

第一环节：生活感知，提出问题

师：明明遇到难题了，他们家圆桌和菜板开裂了，要在它们边缘围一圈铁皮加固，分别需要多少铁皮呢？求需要多少铁皮就是求什么？（示情境图）

生：求圆的周长

师：老师这儿有一个圆，谁来指一指它的周长？

生上台指圆的周长。

师：请看屏幕（课件演示）看看跟我们指的一样吗？

师：现在谁来说一说什么是圆的周长？

生：圆的周长就是绕圆一周的曲线的长度。

设计意图（落实核心素养）

学生已经储备圆形物体的表象，充分利用学生已有的生活经验和知识基础来理解圆的周长的意义，由实物到图形，落实数学抽象的核心素养。

第二环节：合理猜想，探究规律

1. 合理猜想

师：明明家圆形桌面的直径是1米，如果让你去买铁皮，请你猜一猜大约要买几米铁皮呀？说说你是怎样想的？

预设：生上台指，把直径拉过来到圆上，一段两段三段，所以是3个直径长。

师：你们同意吗？1米是圆的什么？3米相当于圆的什么？那圆的周长和它的直径有怎样的关系？

生：直径、周长，圆的周长是直径的3倍。

师：这是你的猜想。我们得进行验证，怎么验证这个猜想对不对呢？

师：量出周长再怎么做？

生：算算圆周长除以直径，看看是不是等于3倍。

2. 探究量圆的方法

师：要想得到圆的周长，你有什么好办法？

生：可以用线量。

师：我们以前测量长度的时候一般都用尺子来测量？你为什么想到了用线量？

生：圆的周长是一条曲线的长度，线可以弯曲，所以可以用线测量。

学生上台操作

师：真会思考，用线测量要注意让线贴紧圆绕一周，这样测量的更准确。看样子我们真能用直尺和普通的线测出圆的周长，你还有别的方法吗？

生：用软尺量。

师：你怎么想到了软尺？

生：因为软尺也可以弯曲，而且上面还有刻度并上台测量。

师：用软尺测量注意从0刻度开始，贴紧圆绕一周和0刻度重合的时候，读出数据就可以了。还有不同的方法吗？

生：把圆标记一个起点，对准零刻度，绕着直尺上转一周，看看一共滚动了多长就行了。

师：我们刚才用绕绳法、滚圆法和软尺都测量出了圆的周长，圆是曲线图形，直尺是直的，同学们改变测量的方法和工具可以完成测量，这三种方法都是把围成圆的这条曲线变成直的线，这种思想在数学上叫作化曲为直。

设计意图（落实核心素养）

根据学生已有的知识和学习经验，引导学生合理猜测"大约买几米铁皮"，降低探究圆周长和直径关系的难度，落实直观想象的核心素养。

测量圆周长，学生在亲身经历测量过程后，加以提炼、抽象，逐步发现蕴涵于其中的"化曲为直"的数学思想。经历了用数学思想方法解决数学问题的过程。

第三环节：实践发现，抽象规律

1. 测量圆周长，指导量法

师：量圆的方法找到了，接下来我们就量一量、算一算，看看圆的周长与直径到底是怎样的关系？

出示研究方案：

（1）每组测量一个圆的周长（周长测量结果保留一位小数）。

（2）根据数据找周长和直径的关系（计算结果小数位数多，就保留两位小数）。

学生以小组为单位量一量、算一算。

2. 整理数据

师：下面我们一起来汇总一下数据。

学生汇报

3. 初步观察，感知误差

同为直径为3里面的圆，量得的周长有大有小，为什么测量结果不一样？

生：方法不一样，有一定的误差。

师：谁能客观评价一下刚才这种"量"的方法？

生：量这种方法，可以量出圆大约的周长，但是量的不够准确

4. 探究圆的周长与直径的关系

师：仔细观察最后一列计算的结果，你有什么发现？

学生观察、汇报：圆的周长除以直径等于三点几倍。

师：所有数据中都有这个规律吗？谁还发现了？那现在你有什么想说的？

生：所有量出来的圆的周长也是直径的3倍多一点。

师：直径在变化，周长也在变化，但圆的周长总是它的直径的3倍多。

5. 直观演示

师：同学们，是不是只有我们准备好的圆有这个规律？其他的也有吗？老师随便准备了几个圆，大家来看一下是否也存在这个关系。

师：（课件动态演示）看了老师的直观演示，你们又有什么想说的？

生：我发现这些圆的周长也是直径的3倍多一点。

师：有了大家的分析，不管是从数据，还是从直观图的演示，圆的周长与直径之间都是怎样的关系？

生：圆的周长总是直径的3倍多一点。

6. 理解圆周率的意义

（1）介绍《周髀算经》中的研究。

师：在我国2000多年前，人们就研究圆的周长与直径的关系，古老的《周髀算经》中有记载："周三径一"你知道径是什么意思吗？周呢？

生：径指的是直径，周指的是周长，也就是圆的周长是直径的3倍。

师：周长大约是直径的3倍，并用直径乘3来进行大约的计算。但是随着精细化要求的提高，这种大约的计算不能满足生产和生活的需要了。

（2）介绍刘徽、祖冲之的研究。

师：早在1700多年前，我国有位著名的数学家刘徽，他就一直在思考这个3点几倍到底是多少呢？他用"割圆术"来计算（课件演示）

学生观看。

师：也就是是圆的周长将比3d怎么样？接下来刘徽又研究了正十二边形、又研究了正二十四边形、正四十八边形……刘徽一直研究到正三千零七十二边形。刘徽最后发现圆的周长是直径的3.1416倍（徽率）。

生：圆的周长是直径的3倍多，正多边形越来越接近圆的周长了。

师：后来，我国数学家祖冲之继续研究，他一直研究到正二万四千五百七十六边形，祖冲之用纯手工计算，他发现，圆的周长与直径的倍数关系在3.1415926至3.1415927倍之间，有了一个确定的范围。祖冲之的这一发现比西方足足早了一千多年。

师：看到我国伟大的数学家的研究，你有什么想说的？

生：我国的数学家很了不起，他们坚持不懈的精神值得我们学习。

（3）认识圆周率"π"。

师：现在人们借助计算机发现：圆的周长总是直径的3.1415926535897932……倍，目前，计算机已经计算到小数点后上万亿位了呢。

师：我们一起来观察这个数，它与我们之前学过的数有什么不同？

生：这是个无限小数，而且不循环。

师：同学们，数学家给这个无限不循环的数起了个名字叫圆周率，圆周率用字母π表示。

师：介绍π，圆的周长是直径的几倍？也就是圆的周长除以它的直径所得的倍数是一个固定的数，这个固定的数叫作圆周率。

生：π倍。

7. 总结圆的周长计算公式

师：现在能算圆的周长了吗？如果用字母C表示圆的周长，你能用字母表示出圆的周长计算公式吗？

生：圆的周长=直径×圆周率。$C=\pi d$。

师：如果知道了半径呢？

生：$C=2\pi r$。

设计意图（落实核心素养）

学生利用测量所得的数据，经历对数据的观察、分析、计算，初步得出"圆的周长总是直径的3倍多"这一结论。这个环节为学生下一步借助古人的研究成果抽象并推理出圆的周长计算公式打下感性基础。

学生利用测量数据发现"圆的周长总是直径的3倍多"。"那到底是3点几倍呢？"通过这一问题的引领，向学生展示我国数学家刘徽、祖冲之的研究方法与过程。学生发现正六边形的周长是直径的3倍后，正多边形边数的不断增加，周长也就越接近圆的周长。研究到三千零七十二边形时，尽管已经非常接近圆的周长了，但还是有差距。在不断地推理中，学生感知到，圆的周长与直径之间的倍数关系是一个固定的数，而且这个倍数很特殊，进而对圆周率的理解也就水到渠成。

第四环节：问题解决，运用规律

1. 巩固练习

师：是不是现在就可以帮明明解决难题了？为什么不动笔呢？

生：这么多位小数怎么算？

师：小学阶段在算圆周长的时候，取 π 的近似数，π 取值3.14

生：学生计算。

2. 总结梳理

师：要帮明明解决难题，同学们对生活进行感知，提出问题；然后对直径1米的圆桌面需要多少铁皮进行合理猜想，要得到圆的周长，将圆的周长化曲为直来探究规律；为研究圆周长与直径的关系，同学们进行了计算，通过数据发现圆周长是直径的3倍多，与《周髀算经》的记录是一致的，在数学家刘徽、祖冲之和现代计算机的帮助下，明确了圆的周长是直径的 π 倍，经历以上实践发现并抽象规律。最后运用规律帮明明解决问题。

设计意图（落实核心素养）

学生用构建的公式模型解决问题，体现了数学知识来源于生活，又服务于生活。让学生体会到数学与外部世界的联系。凸显数学的学科价值。

【板书设计】

圆的周长

猜想	验证	结论
3倍？	量：化曲为直	
	算：圆的周长÷直径=圆周率	3倍多
	$C=\pi d$（$\pi \approx 3.14$）	
	$C=2\pi r$	

【教学反思】

（1）本节课引导学生探究"如何得到圆的周长"，学生借助生活经验，联想到"用线围""用软尺围"和"在直尺上滚"等测量方法，在多种测量方法中体会"化曲为直"的数学思想；引导学生进行合理猜想，引发学生的认知冲突，自发的测量圆的周长进行验证，经历知识产生与形成的过程，逐步数学抽象并完成圆的周长公式的建模的过程。

（2）圆周率的理解是本节课难点，给学生展示数学家刘徽研究历程，让孩子们亲身感受正多边形边数增加，越来越接近圆，渗透极限思想。同时也理解了尽管非常接近圆，但仍然有误差。

不足之处：探究测量圆的方法时，让学生完整表达自己的想法，因为担心讲不完，有时打断孩子的表述；评价语言不及时，不能灵活的根据学生表现及时给予恰当的评价；总体时间把握前松后紧。

因借用五年级学生上课，孩子们的知识储备成为本节课让学生能自主探究的最大障碍，寻找圆周长和直径的关系，学生没有思维的方向，必须搭建相应知识平台才得以继续探究。

《圆的周长》案例评析

从2014年起，教育部多次从培养学生核心素养方面对不同学科提出了相关教学要求，而数学核心素养则主要强调的是数学基本思想和学习数学的关键能力。"圆的周长"教学是研究曲线图形的起点，尤其是"圆周率"概念的建立，是后续学习曲线图形的面积和体积所不可或缺的基石。本节课肖老师在培养学生数学核心素养方面下足了功夫，具体体现在以下三个层面。

一、从核心素养视角设置教学目标

教学目标是教学的原点和归宿，对教学有着导向性作用。教学目标不仅涉及知识性目标，而且涉及能力性目标、情感目标等。这些目标内容都指向学生数学核心素养生成。确立数学教学目标，必须包含两方面：其一是学科知识；

其二是学生的具体学情。

学科知识是承载学科核心素养的重要组成部分。由此，观照数学学科本体性知识也就是确定教学目标的必然。对于《圆的周长》知识而言，教师既要让学生认识"圆的周长"这个概念的意义，也要让学生掌握测量圆的周长的操作性知识；既要让学生理解测量圆的周长的化曲为直的显性知识，要让学生感悟圆出于方、方出于矩等蕴含极限思想的隐性知识。这些知识等是学生数学素养的内核，需要学生在学习中慢慢感悟，对学生今后数学学习发挥着潜在作用。比如测量圆的周长的方法，就需要引导学生思考"怎样才算滚了一整圈"（做记号、滚动时不能打滑等），引导学生思考"用线绕着圆一周时要注意什么？"（线要尽量贴着圆的周长等）。在这个过程中，有学生甚至感悟到"应该用尽量大一些的圆做实验，因为圆越大误差越小因而探究出的圆周率越精准"。再比如感悟极限思想的隐性知识，需要教师运用多媒体课件动态展示刘徽的割圆术，从正六边形到正十二边形，从正十二边形到正二十四边形……在割圆的过程中，学生通过"看"，能对"正多边形无限接近圆""正多边形就是圆"等形成本质直观，进而感悟到"极限"的鲜活思想。这种极限思想的感悟，对学生后续学习圆的面积、圆柱的体积等都具有重要的意义和价值。

观照学生具体学情，主要是指教师要认识学生在知识上、技能上、思想方法上，"已经认识了什么""还应当认识什么""怎样进行这种认识"等。如肖老师在教学前，通过调查研究发现，学生已经知道了圆周率的存在，部分学生知道圆周率用 π 表示，但学生对圆的周长没有进行过动手的探究，因而对圆周率的理解比较肤浅，停留在"知道"层面。基于对学科知识和学生具体学情的把脉，肖老师在教学中设置了这样的教学目标：①理解圆周率的意义，掌握圆的周长计算公式，并能解决实际问题。②经历圆的周长计算公式的探究过程，体验解决问题策略的多样化，渗透转化、归纳、推理、建模等数学思想，进一步发展学生的空间观念。③在解决实际问题过程中感受圆的周长与生活的密切联系，培养学生的应用意识。这样的教学目标设置，既关注了数学知识，更关注了学生的数学核心素养。

二、从核心素养视角展开教学活动

核心素养视野下的教学活动是基于教学目标的，是为了学生发展的，是指向学生、借助学生、成全学生的。从教学目标出发，遵循学生认知发展规律，在学生原有知识经验基础上展开。通过教学活动，引导学生经历数学知识的"再创造"，从而建构学生可能性学习。

1. 在"数学实验"中形成学法

① 看一看：课件出示生活中圆形桌面和圆形菜板中的圆，让学生感知圆的周长，也就是一周边线的长度。

② 指一指：教师出示抽象出的圆形，要求学生指出它们的周长。在比画过程中，学生能感受、体验到圆形的周长（曲线）和学过图形周长（直线）的联系和区别。

③ 测一测：这些图形的周长怎样测量呢？已学的直线图形的周长可以运用直尺直接测量，而圆形的周长是曲线，又应怎样测量呢？从而激发学生思考，引导学生探究，从而导引出"滚圆法"和"绕圆法"。通过数学实验，学生已学会了测量圆的周长。通过测量，学生能深刻感受、体验到圆是一种曲线图形，领悟到"化曲为直"的思想方法。

2. 在"圆的轨迹"中激发冲突

对于教学来说，测量圆的周长不是目的，而是探究圆周率的手段。在数学实验中，有学生会形成这样的认知，即对于任何一个圆，都可以运用测量的方法求得周长。教学中，肖老师设置了这样的环节：

① 猜一猜：直径1米的圆桌面需要买多长的铁皮？探究圆的周长和直径的关系。

② 量一量算一算：圆的周长和直径，根据数据计算周长和直径的关系。学生计算圆的周长和直径的商一定会产生不一致。具体而言，这是由于两方面的原因：其一是由于学生测量工具、测量材料、观察等主观性因素的影响；其二是由于圆周率 π 本身就是一个无限不循环小数，这就从根本上决定了学生计算圆的周长和直径的商不是一个确定的数。

③ 在"数据分析"中建构知识：教学中，肖老师设置了这样的一个环节，就是让学生对每个小组计算的圆的周长和直径的商进行研讨。让学生认识到圆的周长和直径之间有着明确的倍数关系，但是这种倍数关系不同于以前的整数倍、小数倍，而是不同的数，面对不一致，教师不是被动回避，而是正面引导，引导学生发现：圆的周长和直径的商是不确定的，但都差不多，都是3倍多一些。如

此有助于激发学生的数学思考。从而让学生感受、体验圆周率的存在。

④ 在"历史回望"中清晰认知。在学生感受到圆的周长是直径的3倍多后，肖老师运用多媒体课件向学生介绍圆周率，从而培养学生科学求真精神。比如向学生介绍《周髀算经》中的"周三径一"说法，向学生介绍刘徽的"割圆术"，向学生介绍祖冲之对圆周率的探索，向学生介绍现代计算机已经将圆周率计算精确到小数点后万亿位，等等。

三、从核心素养视角反馈教学效果

对于"圆周率"知识，引导学生进行深度探究，让学生经历人类探索知识的历程，重走人类探究圆周率的关键之路，能提升学生数学核心素养，包括主动质疑、理性思辨等能力。就《圆的周长》这一课的教学而言，引领学生从"数学实验"到"认知冲突"，从"数据分析"到"历史回望"，学生数学学习是一个逐步提升、深化的过程。比如对于圆的周长与直径之间的倍数关系进行分析，就具有一种问题价值，正是通过分析圆的周长和直径之间的倍数关系，学生才能感悟到圆周率的真谛——圆周率既是客观存在的，其小数部分的数的出现又是没有规律的。而运用"直径1米的圆桌面需要几米铁皮"唤起学生对圆的周长与直径关系的经验性猜想，它让学生明确了为什么要探究圆的周长与直径之间的关系；以探究圆周率为载体，让学生形成"极限思想"是学生数学学习的内核，让学生触摸到数学的本质，发展学生直观想象能力。在数学知识被重新发现、质疑、批判和运用过程中，学生的数学核心素养悄然生成。

综观本节课，肖老师联系实际生活，将生活中与圆有关的素材加以提炼，形成数学的研究对象，并从研究对象出发，通过推理建立起知识间的逻辑联系，最后由推理走向建模，揭示知识本质，提升思维能力，并逐步达到"用数学的思维思考世界，用数学的语言描述世界"的新高度。

第五章

核心素养测评与分析

第一节　核心素养测评解读

《普通高中数学课程标准（2017年版）》明确指出，数学学科核心素养是具有数学基本特征的思维品质、关键能力以及情感、态度与价值观的综合体现，是数学学习和应用过程中逐步形成和发展的。这一表述在突出了数学自身学科属性的同时，也对学生个人终身发展予以充分关注，体现了人的社会属性。

小学数学核心素养是学生在接受数学教育过程中逐步形成的适应个人自身发展和社会需要的必备品格与关键能力。通过数学教育，学生日积月累，习以成性，融会贯通，将成为他们思考问题、做人做事的"习惯"与"模式"。对儿童的一生来说，学过的数学知识也许会渐渐淡忘，但数学核心素养却会以其独特的形式默默地伴随他们一生，它像是一双看不见的手，引领着学生核心素养的发展。南开大学顾沛教授曾说："数学素养就是把所学的数学知识都排除或忘掉后还剩下的东西"。

参考《普通高中数学课程标准（2017年版）》对数学核心素养的界定，考虑到数学教育的连续性，小学数学核心素养主要包括：数学抽象、逻辑推理、数学建模、直观想象、数学运算、数据分析六个方面。这些数学核心素养既相对独立，又相互交融，形成一个不可分割的有机整体。对小学生而言，这些核心素养需要结合数学课程标准在小学阶段安排的具体学习内容以及小学生的年龄及心理特点加以界定，其具体表现也具有相应的小学数学的特征。

一、数学抽象

数学抽象是指能够从大量具体事物或现象中，抽取出同类数学对象的共同的、本质的属性或特征，舍弃其他非本质的属性或特征的思维过程。主要包括从数量与数量关系、图形与图形关系中抽象出数学概念及概念之间的关系，从事物的具体背景中抽象出一般规律和结构，并且用数学符号或者数学语言予以表征。数学抽象是数学的基本思想，是形成理性精神的重要基础，反映了数学的本质特征，贯穿在数学产生、发展、应用的过程中。数学抽象使得数学成为高度概括、准确表达、结论一般、有序多级的系统。

数学抽象素养，在小学阶段具体表现为：能从具体事物或现象中抽取出数概念和几何图形，从具体事物或现象中抽取出数量关系和图形关系，并形成数感和初步的符号意识。数感主要是指关于数与数量、数量关系、运算结果估计等方面的感悟，符号意识主要是指能够理解并且运用符号表示数、数量关系和变化规律，知道使用符号可以进行运算和推理，得到的结论具有一般性。

二、逻辑推理

逻辑推理是指能够从一些事实和命题出发，依据规则推出其他命题的素养。主要包括两类，一类是从特殊到一般的推理，是从范围较小的命题得到范围较大的命题，推理形式主要有归纳、类比；一类是从一般到特殊的推理，是从范围较大的命题得到范围较小的命题，推理形式主要有演绎。逻辑推理素养的形成过程也是学生形成重论据、有条理、合乎逻辑的思维品质的过程。逻辑推理是得到数学结论，构建数学体系的重要方式，是数学严谨性的基本保证，是人们在数学活动中进行交流的基本思维品质。

逻辑推理素养在小学阶段具体表现为：从已有的数学事实出发，凭借一些经验和直觉，通过归纳和类比等形式推断某些结果，获得新的发现；从已有的数学事实出发，依据定义和一些确定的规则进行有逻辑的推理；能有根据、有条理地运用数学语言表达思考过程；能理解他人运用数学语言所表达的内容，并作出适当的评判。

三、数学建模

数学建模是指能够从现实生活或具体情境中抽象出数学问题，用数学语言表示数学问题中的数量关系和变化规律并解决问题的素养。主要包括：在实际情境中从数学的视角发现问题、提出问题、分析问题、建立模型、求解结论、验证结论并改进模型，最终解决实际问题。数学模型搭建了数学与外部世界的桥梁，是数学应用的重要形式，数学建模是应用数学解决实际问题的基本手段，也是推动数学发展的动力。

数学建模素养在小学阶段具体表现为：在现实情境中运用加法模型（部分+部分=总体）、乘法模型（每份乘份数=总数）等，从数学的角度发现和提出问题、分析和解决问题。

四、直观想象

直观想象是指能够借助几何直观和空间想象感知事物的形态与变化，以及利用几何图形理解和解决数学问题的素养。主要包括：借助空间认识事物的位置关系、形态变化与运动规律；利用图形描述、分析数学问题，建立数与形的联系，构建数学问题的直观模型，探索解决问题的思路。直观想象是发现和提出、分析和解决问题的重要手段，是探索和形成论证思路，进行数学推理，构建抽象结构的思维基础。

直观想象素养在小学阶段具体表现为：根据物体形状抽象出几何图形；根据几何图形想象出所描述的实际物体；想象物体的方位和相互之间的位置关系；想象图形的运动和变化；能理解几何图形表达的数学信息；能运用几何图形描述和分析问题。

五、数学运算

数学运算是指在明晰运算对象的基础上，能够根据法则和运算律正确地进行运算的素养。主要包括：理解运算对象，掌握运算法则，探究运算思路，选择运算方法，设计运算程序，求得运算结果等。数学运算是解决数学问题的基本手段。数学运算是演绎推理，是计算机解决问题的基础。

数学运算素养在小学阶段具体表现为：理解运算的意义和算理；掌握运算法则；选择运算方法求得运算结果。

六、数据分析

数据分析是指能够基于解决问题的需要收集数据、整理数据、描述数据，并通过分析做出判断的素养。主要包括：收集数据，整理数据，提取信息，构建模型，进行推断，获得结论。数据分析是研究随机现象的重要数学技术，是大数据时代数学应用的主要方法，也是互联网+相关领域的主要数学方法，已经深入到科学、技术、工程和现代社会生活的各个方面。

数据分析素养在小学阶段具体表现为：了解简单的数据收集、整理、描述的方法；能根据问题的背景，选择合适的统计方法；通过对数据的简单分析，理解数据所蕴含的信息，并做出初步的判断；通过数据分析体验随机性。

根据数学核心素养的内涵与构成分析，结合小学阶段数学课程内容及其要求，对小学数学核心素养所体现出的构成要素分解及水平划分如下表所示（依据《义务教育学科核心素养·关键能力测评与教学》第17页至19页）：

第一学段

核心素养	构成要素	表现水平划分		
		水平1	水平2	水平3
数学抽象	抽象出数或图形	能在具体事例中辨认出数或图形	能利用数或图形等概念表述一类事物或进行判断	能从抽象的角度思考分析问题，在一般意义上解释具体事物
	抽象出数量关系	能识别简单情境中的数量关系	能利用适当的方法描述稍复杂情境中的数量关系	能用不同的方法或从不同角度描述较复杂情境中的数量关系
	抽象出图形关系	能识别简单情境中的图形关系	能利用适当的方法描述较复杂情境中的图形关系	能用不同的方法或从不同角度描述较复杂情境中的图形关系
逻辑推理	合情推理	能在简单情境中，凭借经验和直觉推断某些结果	能在稍复杂的情境中，通过观察、计算等，提出简单的数学猜想	能在较复杂情境中，通过归纳、类比等，自主获得简单的数学发现
	演绎推理	能根据定义或规则进行简单推理	能根据定义或规则进行稍复杂的推理	能在变式情境中，依据定义或规则进行稍复杂的推理
数学建模	发现和提出问题	能发现简单情境中的数量关系，提出问题	能发现稍复杂情境中的数量关系，提出问题	能发现新情境中的数量关系，用适当的数学语言或符号提出问题
	分析和解决问题	能运用常见的数量关系，分析和解决简单的实际问题	能运用常见的数量关系，分析和解决稍复杂的数学问题	能运用恰当的方式、方法，分析和解决非常规的实际问题

核心素养	构成要素	表现水平划分		
		水平1	水平2	水平3
直观想象	直观感知	感知简单图形的构成要素，能辨认基本的几何图形	了解简单图形的基本特征	能感知不同图形之间的关系
	空间观念	能建立长度、面积单位实际大小的表象，能辨认物体的方向和位置	能辨认图形或物体运动的前后位置关系，能根据具体事物、照片或直观图辨认从不同角度观察到的简单物体	能根据几何图形想象出相应的实物，能根据描述想象出特定物体或图形的形状
	几何直观	能用图形表示数或简单情境中的数量关系	能用图形表达和分析稍复杂问题情境中的数量关系	能用图形表达和分析非常规问题情境中的数量关系
数学运算	理解运算	能在简单情境中识别运算规则	能说明运算过程中特定步骤表示的含义	能用恰当的方式方法解释运算规则或结果
	实施运算	能根据运算规则正确地进行四则运算	能在理解算理的基础上，根据运算规则正确进行验算，能正确计算稍复杂四则混合运算	能灵活运用运算规则，寻求合理简洁的途径进行运算
	估算	能根据解决问题的需要选择估算	能参照一定的标准进行估计或估算	能运用估算解决一些实际问题
数据分析	收集和整理数据	能用恰当的方式，收集记录数据，能按给定的标准对数据进行分类	知道能用调查、测量等简单方法收集数据，能根据数据的特点和解决实际问题的需要，选择合适的方法整理数据	根据实际问题的需要，能从调查、测量等方法中选择合适的方法收集数据，能根据数据的特点，自行制定不同的标准，对事物或数据进行分类
	描述和分析数据	能读出数据所蕴含的简单信息	能读出数据的简单分布情况	能借助对数据的描述，进行简单的解释、判断

依据小学数学课程标准2011版和高中数学课程标准2017版制定：

第二学段

核心素养	关键能力	表现水平划分		
		水平一	水平二	水平三
数学抽象	抽象出数或图形	感知大数并会改写、估算,了解自然数、整数、奇数、偶数、质数、合数、公倍数、公因数、正负数;了解线段、射线、直线,各种角,同一平面内两条直线的平行与相交,初步认识平行四边形、梯形、圆,知道扇形,会对三角形分类,学会观察物体,初步认识各种立体图形;初步认识各种统计图,知道平均数和随机现象。初步抽象出数学概念。	熟知大数并会改写、估算,理解自然数、整数、奇数、偶数、质数、合数、公倍数、公因数、正负数;理解线段、射线、直线,各种角,同一平面内两条直线的平行与相交,认识平行四边形、梯形、圆,知道扇形,能熟练地对三角形分类,学会从不同角度观察物体,认识各种立体图形;认识各种统计图,熟知平均数和随机现象。能运用抽象出的数学概念描述事物和进行判断。	熟知大数并会改写、估算,理解自然数、整数、奇数、偶数、质数、合数、公倍数、公因数、正负数;理解线段、射线、直线,各种角,同一平面内两条直线的平行与相交,认识平行四边形、梯形、圆,知道扇形,能熟练地对三角形分类,学会从不同角度观察物体,认识各种立体图形;认识各种统计图,熟知平均数和随机现象。能从抽象的角度思考分析问题,用恰当的数学语言予以表达,把握研究对象的数学特征。
	抽象出数量关系	在简单情境中,感受大数的意义,了解倍数与因数、奇数与偶数、质数与合数的关系;会进行小数、分数和百分数的转化;初步学会比较数的大小;借助运算符号进行数的运算;了解常见的数量关系和等量关系;了解比、比例。	在具体情境中,懂得大数的意义,理解倍数与因数、奇数与偶数、质数与合数的关系;熟练进行小数、分数和百分数的转化;能比较数的大小;借助运算符号进行数的运算;理解常见的数量关系和等量关系;理解比、比例。	在新情境中,熟知大数的意义,深入理解倍数与因数、奇数与偶数、质数与合数的关系;规范熟练地进行小数、分数和百分数的转化;能比较数的大小;借助运算符号灵活进行数的运算;系统理解常见的数量关系和等量关系;深入理解并运用比、比例。

续 表

核心素养	关键能力	表现水平划分		
		水平一	水平二	水平三
数学抽象	抽象出图形关系	了解线段、射线、直线间的关系；知道各种角的大小关系；了解平面图形的周长与面积，立体图形的表面积和体积；了解对称、平移和旋转。	理解线段、射线、直线间的关系，体会两点之间线段最短及两点间距离；熟知各种角的大小关系及特征；理解并掌握平面图形的周长与面积，立体图形的表面积和体积，相应单位间换算；理解并熟悉对称、平移和旋转的特点，结合情境完成图形的设计要求。	理解并运用线段、射线、直线间的关系，深入体会两点之间线段最短及两点间距离，解决实际问题；熟知各种角的大小关系及特征，会量、会画给定的角；系统理解并掌握平面图形的周长与面积，立体图形的表面积和体积，恰当运用相应单位间换算，解决简单实际问题；理解并熟知对称、平移和旋转的特点并会运用，结合情境规范完成图形的设计要求。
逻辑推理	合情推理	结合简单情境，从已有知识出发，了解大数、小数、分数、百分数；认识三位数乘或除以两位数的计算，初步学会运算律；借助已有知识能推理计算得出平行四边形、三角形、梯形面积与圆的周长和面积公式，长方体、正方体、圆柱和圆锥的表面和体积公式；了解统计图表和随机现象。获得简单结论。	结合稍复杂情境，从已有知识出发，理解大数、小数、分数、百分数；认识三位数乘或除以两位数的计算，学会并掌握运算律；借助已有知识能灵活推理计算得出平行四边形、三角形、梯形面积与圆的周长和面积公式，长方体、正方体、圆柱和圆锥的表面和体积公式；理解统计图表和随机现象。能提出简单数学猜想，获得富有价值的结论。	结合较复杂情境，通过归纳、类比，深入理解大数、小数、分数、百分数；系统认识三位数乘或除以两位数的计算，熟知并灵活掌握运算律；借助已有知识能精准推理计算得出平行四边形、三角形、梯形面积与圆的周长和面积公式，长方体、正方体、圆柱和圆锥的表面和体积公式；深入理解统计图表和随机现象，根据结果做出判断和预测。能提出数学猜想，获得简单的数学发现。

核心素养	关键能力	表现水平划分		
		水平一	水平二	水平三
逻辑推理	演绎推理	结合简单情境，依据相应定义，了解大数、小数、分数的特征；学会三位数乘或除以两位数的计算、能用运算律进行整数、小数、分数的四则混合运算；借助已有知识能推理计算得出平行四边形、三角形、梯形面积与圆的周长和面积，长方体、正方体、圆柱和圆锥的表面和体积。	结合稍复杂情境，依据相应定义，理解大数、小数、分数的特征；熟练掌握三位数乘或除以两位数的计算、能用运算律进行整数、小数、分数的四则混合运算；借助已有知识能推理计算得出平行四边形、三角形、梯形面积与圆的周长和面积，长方体、正方体、圆柱和圆锥的表面和体积及相关知识综合运用。了解概念、法则、定理之间逻辑关系。	结合复杂情境，依据相应定义，深入理解大数、小数、分数的特征及相互间的关系；熟练掌握三位数乘或除以两位数的计算、能自由运用运算律进行整数、小数、分数的四则混合运算；借助已有知识能灵活推理计算得出平行四边形、三角形、梯形面积与圆的周长和面积，长方体、正方体、圆柱和圆锥的表面和体积及相关知识综合运用。理解概念、法则、定理之间的逻辑关系，会用数学语言表达论证过程。
数学建模	发现和提出问题	结合情境，能发现大数、小数、分数、百分数、比与比例；发现常见数量关系和等量关系；发现点线、平面图形和立体图形；比例尺、数对；各种统计图表、平均数等；并提出简单问题。	结合具体情境，能发现并理解大数、小数、分数、百分数、比与比例；发现并理解常见数量关系和等量关系；发现点线、平面图形和立体图形；比例尺、数对；各种统计图表、平均数等；并提出有价值的问题。	结合综合情境，能发现并深入理解大数、小数、分数、百分数、比与比例；发现并深入理解常见数量关系和等量关系；发现点线、平面图形和立体图形；比例尺、数对；各种统计图表、平均数等；运用数学思维发现数学关系，并提出有价值的问题。
	分析和解决问题	能运用常见数形的意义、数量关系，分析和解决简单的实际问题。	能合理运用常见数形的意义、数量关系，构建数学模型，分析和解决实际问题。能用数学语言表述问题分析的过程和问题解决的结果。	能灵活运用常见数形的意义、数量关系，创造性的构建数学模型，理解数学建模的意义和作用，分析和解决实际问题。能用数学语言，清晰、准确地表述问题分析的过程和问题解决的结果。

续 表

核心素养	关键能力	表现水平划分		
		水平一	水平二	水平三
直观想象	直观感知	了解线段、射线和直线，平角和周角，平行和相交，三角形、平行四边形、梯形和圆，长方体和正方体，圆柱和圆锥；了解比例尺。	理解线段、射线和直线，平角和周角，平行和相交，三角形、平行四边形、梯形和圆，长方体和正方体，圆柱和圆锥；理解比例尺。理解以上图形和概念的基本特征。	掌握线段、射线和直线及三者间的关系，平角和周角，平行和相交，三角形、平行四边形、梯形和圆，长方体和正方体及其关系，圆柱和圆锥及二者关系；掌握比例尺。掌握以上图形和概念的基本特征。
	空间观念	了解角的度量单位，面积单位平方千米、公顷，圆周率，立方米等体积（容积）单位；能根据物体相对于参照点的方向和距离确定其位置，会用数对表示位置。	理解角的度量单位，面积单位平方千米、公顷与其他面积单位间的关系；体会圆周长、直径（半径）与圆周率的关系；体会立方米等体积（容积）单位；在具体情境中，能根据物体相对于参照点的方向和距离确定其位置，会用数对表示位置。	掌握角的度量单位，面积单位平方千米、公顷，体会圆周长、直径（半径）与圆周率的关系；立方米等体积（容积）单位；在新情境中，能根据物体相对于参照点的方向和距离确定其位置，会用数对表示位置。
	几何直观	能量角和画角，确定两点间的距离，会计算平面图形的面积和立体图形的表面积与体积，能进行单位间的换算，会画轴对称图形并找出对称轴，会简单的平移和旋转，会用比例尺画图。	能规范量角和画角，确定两点间的距离，会准确计算平面图形的面积和立体图形的表面积与体积，能进行单位间的换算，会画轴对称图形并找出对称轴，会简单的平移和旋转，会用比例尺将简单图形放大或缩小；会描述简单的路线图。	能规范量角和画角，确定两点间的距离，会准确计算平面图形的面积和立体图形的表面积与体积，能熟练进行单位间的换算，会画轴对称图形并找出对称轴，能对给定度数要求的图形平移和旋转，会用比例尺精确地将简单图形放大或缩小；能规范描述路线图；知道数对与方格纸上点的对应。体会数形结合，利用直观想象反映数学问题本质，形成解决问题的思路。

核心素养	关键能力	表现水平划分		
		水平一	水平二	水平三
数学运算	理解运算	了解三位数乘两位数、三位数除以两位数，了解整数、小数和分数的四则混合运算法则，了解小括号、中括号，了解运算律，了解等量关系和知道简单方程，了解比、比例、比例尺。	理解三位数乘两位数、三位数除以两位数，掌握整数、小数和分数的四则混合运算法则，熟悉小括号、中括号的作用，理解运算律、等量关系、简单方程及等式性质，熟知比、比例、比例尺。	掌握三位数乘两位数、三位数除以两位数，规范掌握整数、小数和分数的四则混合运算法则，掌握小括号、中括号的作用，掌握并熟练运用运算律，借用等量关系、简单方程及等式性质解决问题；掌握比、比例、比例尺。结合情境，探索简单的运算规律。
	实施运算	会三位数乘两位数、三位数除以两位数的运算，会整数、小数和分数的四则混合运算，会用运算律计算，会解简单方程，了解小括号、中括号、比、比例、比例尺。	能准确地进行三位数乘两位数、三位数除以两位数的运算，能准确地进行整数、小数和分数的四则混合运算，会用运算律计算，会解方程，理解小括号、中括号、比、比例、比例尺。	能熟练地进行三位数乘两位数、三位数除以两位数的运算，熟练掌握整数、小数和分数的四则混合运算，能灵活运用运算律计算；能用方程表示等量关系并会列方程、解方程，理解方程的作用；能用小括号、中括号、比、比例、比例尺解决实际问题。
	估算	会求大数的近似数，小数的近似数；能进行简单的估算。	能运用"四舍五入"法求大数的近似数，小数的近似数；能进行多种形式的估算，提高估算能力。	能熟练地运用"四舍五入"法求大数的近似数，小数的近似数；在解决问题过程中，能选择合适的方法进行估算，能用估算进行验算，培养估算意识，提升数学运算素养。

核心素养	关键能力	表现水平划分		
		水平一	水平二	水平三
数据分析	收集和整理数据	能用适当的方式，收集数据；能按给定标准对数据进行整理分类；认识条形统计图、折线统计图和扇形统计图；能计算平均数；了解随机现象。	能选择调查、试验、测量等适当的方式，收集数据；能依据不同标准对数据进行整理分类；会选用条形统计图、折线统计图和扇形统计图表示数据；能计算平均数，并体会平均数的作用；理解随机现象。	根据实际需要，能选择调查、试验、测量等适当的方式，收集数据；能依据不同标准对数据进行合理的整理分类；根据数据特点，恰当的选用条形统计图、折线统计图和扇形统计图直观且有效的表示数据；能依据需要计算平均数，并体会平均数的作用。掌握随机现象，感受随机现象发生的可能性是有大小的。
	描述和分析数据	借用统计图表能读出数据蕴含的简单信息。	通过统计图表，能获得一些数据，并能读懂简单的统计图表，可以分析和描述数据的简单分布情况。能列出简单随机现象中所有可能发生的结果。	根据统计图表对数据的描述，依据统计结果做出简单的判断和预测。结合具体情境，能对可能性大小做出定性描述，并能进行交流。

第二节　概念课型核心素养测评与分析

数学知识形成意义上的概念教学课型，在整个小学阶段，占据了非常重要的位置。数学概念主要分布在数知识、形知识和统计知识中。其主要特征是表达的简约性和概括的抽象性。所以在教学数学概念时，一般要从学生的生活经验出发，提供充分从事数学活动与交流的时间，让他们在自主探索的过程中经历概念的产生、形成和应用的过程，从而真正理解概念的本质，掌握概念的内涵。学生只有在正确理解并能灵活运用数学概念的基础上，才能掌握数学基础知识和运算技能，发展逻辑论证和空间想象能力，从而培养学生的核心素养。

下面分别从小学数学的"数与代数""图形与几何""统计与概率"几个领域枚举如何以笔试的方式了解学生核心素养是否"落地生根"。为了更好地说明学生解决问题的水平，依据义务教育数学课程标准的要求，将学生做题情况划分为三个水平等级，从低到高分别为水平一（待提高C）、水平二（合格B）、水平三（良好A）。

例1　抽象出数量关系（表现水平三）：深入理解并运用比、比例。

在学习正比例和反比例时，小明做了如下实验：把相同体积的水倒入底面积不同的圆柱形杯子．小明记录了如下一些实验数据，并画出了图像。

杯子的底面积/cm²	10	15	20	30	…
水的高度/cm	30				…
水的体积/cm³					…

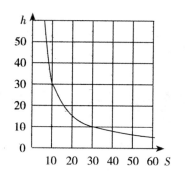

（1）把表格填写完整；观察图或表中数据可知，水的高度随着底面积的变化而_____，底面积增加，高度_____；底面积减少，高度_____。

（2）请你用式子表示出水的高度h、杯子的底面积S和水的体积之间的关系，h和S成什么比例关系？

（3）杯子的底面积是40cm²时，水的高度是多少？水的高度是$\dfrac{60}{11}$cm时，杯子的底面积是多少？

【内容情况】

内容领域	具体内容	试题目标	体现思想与方法	落实核心素养	核心素养及表现水平	题型	分值	难度
数与代数	六年级：反比例	通过具体情境，认识成反比例的量，并能结合实例进行交流。	模型、函数、数形结合思想	数学抽象、数学建模、数学运算、逻辑推理	数学抽象：抽象出数量关系水平三	解答题	7	0.6
					数学建模：分析和解决问题水平三			
					数学运算：理解运算水平三			

【得分情况】

全县共有4539名学生参加本次检测，其中0分的639人；1分的有289人；2分的有248人；3分的有309人，4分的有438人；5分的有839人，6分的有972人；7分的有805人。

平均得分率为57.4%，数学总体能力处于A、B、C三个水平的学生在本题上的平均得分率分别为84.4%、62.2%、17.6%。

分值	人数	占比（%）	分值	人数	占比（%）
0	639	14.08	4	438	9.65
1	289	6.37	5	839	18.48
2	248	5.46	6	972	21.41
3	309	6.81	7	805	17.74

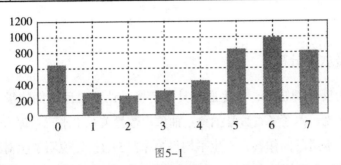

图5-1

得分	平均分	难度	标准差	区分度	通过率
7	4.21	0.6	2.39	0.63	60.2%

满分	7
均分	4.21
难度	0.6
标准差	2.39
区分度	0.63
通过率	60.2%
优秀率	39.15
及格率	57.63
一	7（805|17.74%）
二	7-5.6（972|21.41%）
三	5.6-4.2（839|18.48%）
四	4.2-0（1923|42.37%）

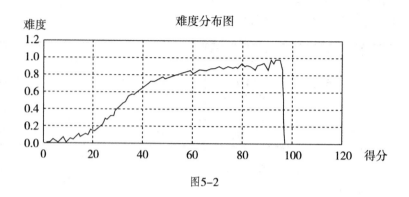

图5-2

【发展水平分析】

本题为反比例题目，学生通过具体情境，认识成反比例的量，并能结合实例进行交流。本题考查数学抽象：抽象出数量关系水平三：深入理解并运用比、比例。本道题的作答，学生平均得分率是57.4%，说明学生对这道题的理解，基本达到中等偏上水平。A水平的平均得分率是84.4%，基本能够熟练根据曲线图判断正反比例，而且能够从曲线中读出有用的数据，解决实际的问题。B水平的平均得分率是62.2%，基本能够掌握这些技能。C水平的平均得分率为17.6%，不理解图像中数据的含义，不能根据图像数据解决问题，读图的能力有待提高。

【数学素养教学实施建议】

1. 密切联系生活，深度参与活动，发展数感

要让学生在具体现实的生活背景中感受体验，基于生活经验感悟数与数量，数量关系，把获得的数概念及时运用到现实生活情境中，解释生活现象，解决现实问题，内化知识，强化数感。引导学生从表格中抽象出反比例关系，进而根据反比例关系判断数的变化，大小，增强数感。

2. 经历数学符号的形成过程，感悟约定符号的独特含义，发展符号意识

联系学生熟悉的生活经验，让学生亲身经历从直观到抽象、从特殊到一般的认知过程，体会数学符号产生的合理性，掌握数学符号外在表现，理解符号的数学含义，能用符号进行运算、推理。

例2 描述和分析数据能力（表现水平三）能借助对数据的描述，进行简单的判断、解释。

阳光小学对六（一）班本学期部分同学的古诗词背诵情况进行了调查，背诵情况如下：（单位：首）

男生：26　22　32　23　27　25　30　30　34　24　37

女生：38　34　28　33　27　32　36　27　28　35　33

（1）根据以上数据，完成统计表.

人数　成绩　性别	26首以下	26～30首	31～35首	36首及以上
男				
女				

（2）六（一）班共有（　　　）人参与调查；

（3）根据统计表中数据的分析，你能得到哪些信息？（最少写出2条）

（4）如果你是语文老师，通过数据分析，下一步你有何打算？

【内容情况】

内容领域	具体内容	试题目标	体现思想与方法	落实核心素养	核心素养及表现水平	题型	分值	难度
统计与概率	统计	经历简单的数据收集和整理过程，并能对数据进行简单分析。	统计思想	数据分析	数据分析：收集和整理数据水平一：能用适当的方式，收集记录数据，能按给定的标准对数据进行分类	解答题	6	0.82
					描述和分析数据水平三：能借助数据的描述进行简单的判断解释			

【得分情况】

全县共有4539名学生参加本次检测，平均分4.94分，其中0分的180人；1分的有144人；2分的有98人；3分的有392人，4分的有332人；5分的有779人，6分的有2614人。

平均得分率为81.2%，数学总体能力处于A、B、C三个水平的学生在本题上的平均得分率分别为92.7%、86%、58.9%。

分值	人数	占比（%）	分值	人数	占比（%）
0	180	3.97	4	332	7.31
1	144	3.17	5	779	17.16
2	98	2.16	6	2614	57.59
3	392	8.64			

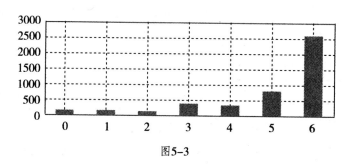

图5-3

得分	平均分	难度	标准差	区分度	通过率
6	4.94	0.82	1.64	0.33	82.33%

满分	76
均分	4.94
难度	0.82
标准差	1.64
区分度	0.33
通过率	82.33%
优秀率	74.75
及格率	82.07
一	6（2614|57.59%）
二	6-4.8（779|17.16%）
三	4.8-3.6（332|7.31%）
四	3.6-0（814|17.93%）

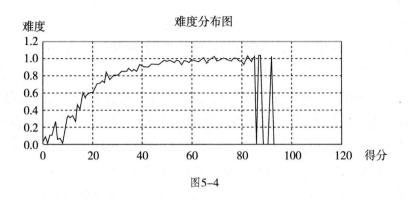

图5-4

【发展水平分析】

本题为统计中复式统计表的应用，学生应经历简单的数据收集和整理过程，并能对数据进行简单分析。本题考查数据分析：收集和整理数据水平一：能用适当的方式，收集记录数据，能按给定的标准对数据进行分类；描述和分析数据水平三：能借助数据的描述进行简单的判断解释。本道题的作答，处于A水平的学生平均得分率为92.7%，处于B水平的学生平均得分率为86%，说明这部分学生基本掌握复式统计表的数据分析能力，处于C水平的学生还有待提高。

【数据分析素养教学实施建议】

教师要引领学生基于解决问题的需要，经历数据的收集、整理过程，了解数据收集的简单方法，并用自己的方式呈现整理数据的结果，通过分析让数据来说话，在解决问题的同时，发展数据分析素养。

1. 精心创设问题情境，引导学生切身感受到需要收集和整理数据的必要性，培养学生的数据意识

创设现实生活中的情境，体会到某些问题需要借助数据才能回答；联系熟悉的生活经验，体会借助数据才能了解更多的信息；创设富有趣味性的活动，感受借助数据才能做出较为理性的判断。

2. 组织学生经历简单的数据收集和整理过程，积累初步的统计活动经验

分类是最基本最常用的整理数据方法。教师在对学生提出的问题适当整理分类后，组织学生经历数据的收集和整理的过程，在交流展示中感受整理数据的作用。

3. 引导学生经历数据的简单分析过程，感受数据蕴含的信息

引导学生从不同角度分析数据，从关注"数据本身能够说明什么"逐步渗透"基于数据进行一些有意义的推断"例如：在学习条形图时，创设真实具体的情境，让学生经历收集数据、整理数据的过程，并能提出问题、分析问题，解决问题，进而做出合理的预判。使学生认识到学习条形图是对数据进行分析的需要，从而增强对数据分析的认识，发展数据分析观念。

例3 直观想象能力（表现水平三）能感知不同图形之间的关系。

下面图案中，是轴对称的是

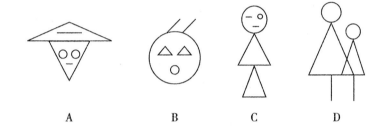

A   B   C   D

【内容情况】

内容领域	具体内容	试题目标	体现思想与方法	落实核心素养	核心素养及表现水平	题型	分值	难度
图形与几何	三年级轴对称	结合实例，感知轴对称	几何变换思想	直观想象	直观想象直观感知水平三：能感知不同图形之间的关系。	选择题	6	0.9

【得分情况】

全县共有4539名学生参加本次检测，平均分2.79分，其中空白的17人；BCD的有3人；AC的有1人；AD的有2人，ACB的有1人；A的有4214人，B的有161人；C的有52人；D的有87人；ABCD的有1人。

平均得分率为92.8%，数学总体能力处于A、B、C三个水平的学生在本题上的平均得分率分别为99.2%、96.7%、78%。

选项	人数	占比（%）	选项	人数	占比（%）
BCD	3	0.07	A	4214	92.84
空白	17	0.37	B	162	3.55
AC	1	0.02	C	52	1.15
AD	2	0.04	D	87	1.92
ABC	1	0.02	ABCD	1	0.02

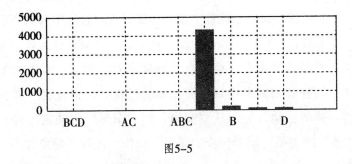

图5-5

得分	平均分	难度	标准差	区分度	正确率
3	2.79	0.93	0.77	0.37	92.84%

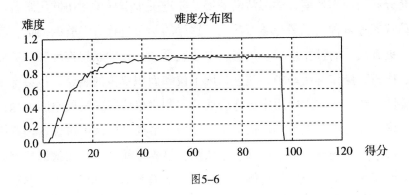

图5-6

【发展水平分析】

本题为轴对称图形的应用，要求学生结合实例，感受轴对称现象。本题考查直观想象直观感知水平三：能感知不同图形之间的关系。本题的解答，3.6%的学生选择B选项，1.05%的学生选择C选项，1.9%的学生选择D选项，92.8%的学生选择正确A选项。学生对于对称部分的理解还是非常到位的。

【直观想象素养教学实施建议】

重视小学生直观想象素养的培育，除了恰当的直观是深入思考和探索的原因外，还有一个重要原因是直观想象有培育发展的关键期，因此适时的教学干预是十分有必要的。

1. 观察感知是培育直观现象素养的必要基础

培养学生观察感知的能力，观察是有目的、有重点、有思考的视觉活动，为了获得物体的形状、大小、位置关系的表象，观察过程中要有意识地引导学生把睁眼看和闭眼看、对照比等行为结合在一起，只有这样的观察才有利于学生建立表象，发展空间观念，培育直观想象素养。例如：在探究怎样从长方体、正方体、圆柱和圆锥上得到平面图形的过程中，通过看一看、摸一摸、画一画、描一描等活动，经历从"实物"到"图形"的抽象过程，直观感知"面"与"体"的关系，培养初步的观察、操作、比较、想象能力，进一步培养空间观念。

2. 操作活动是培养直观想象素养的必由路径

要培养学生的直观想象素养，学习活动的起点宜从学生已有的生活经验出发，充分利用周围环境，学习活动的展开要进一步引导学生协同用眼看、动手做、动脑想等多种方式参与学习活动，这样的学习过程有经验的回忆、实物的观察，更有动手的操作比较、语言的描述表示、心智的联想推理等。例如：在观察、比较、操作等活动中，建立长度单位和面积单位的表象，体会统一单位的必要性，能够在实际应用中选择合适的"测量单位"，发展空间观念；在指一指、描一描、画一画等操作活动中，经历图形周长的认识过程，理解周长的意义，形成关于图形周长的空间表象认识，培养空间观念；在认识长方形和正方形的面积活动中，经历从物体表面抽象出平面图形的过程，直观感知"面"与"面积单位"的关系，培养初步的观察、操作、比较、想象能力，发展空间观念。

3. 数形结合是培养直观想象素养的重要环节

通过数形结合，借助形能更好理解数的概念及数量关系，对几何图形的价值就有了更深的体会和感受，养成直观想象素养也就建立了正向的价值取向。例如：在小数的意义探究过程中，引导学生画图理解0.1、0.01、0.001含义，利用数形结合的思想抽象出小数意义的本质。

　　小学数学教学越来越强调对学生核心素养的培养，培养学生数学素养的主阵地就是课堂教学，概念教学是数学教学的重要内容，在课堂教学活动中，充分挖掘概念课教材的生活背景，显化概念课所蕴含的数学思想方法，明确教学的目标，增强课堂的趣味性，调动学生的积极主动性，才能使学生在学习概念知识的过程中，不断提升和发展应用和创新意识、数感和符号意识、抽象、推理和模型思想等核心素养，从而全面落实立德树人的教育根本任务。

第三节 运算课型核心素养测评与分析

小学运算教学是小学数学教学的重要内容，是进一步学习其他知识的必备基础，是实际生活中应用最广泛的知识。培养运算能力有助于学生对算理的理解运用，正确简洁地解决问题，通过运算教学发展学生的数学思维发展，形成规范化解决问题的品质。

在运算课教学中主要体现的数学核心素养：逻辑推理、数学建模、数学运算，下面分别以笔试的方式了解学生数学核心素养的落实情况。

例1 演唱会的观众席是一个面积约为5000平方米的足球场．演唱会的门票全部卖光，观众席里站满了歌迷。下面最有可能是参加演唱会观众总人数的是：

A. 5000   B. 20000   C. 50000   D.100000

【内容情况】

内容领域	具体内容	试题目标	体现思想与方法	落实核心素养	核心素养及表现水平	题型	分值	难度
数与代数	面积单位	要求学生能结合现实情境感受面积单位的意义，体会估算在生活中的作用	数感，能在具体情境中把握数的相对大小	数学抽象数学运算	数学运算估算水平二：能参照一定标准进行估算和估计	选择题	3	0.38

【得分情况】

平均得分率为37.2%，数学总体能力处于A、B、C三个水平的学生在本题上的平均得分率分别为52.9%、34.3%、24.7%。

得分	平均分	难度	标准差	区分度	正确率
3	1.15	0.38	1.46	0.23	38.31%

选项	人数	占比	选项	人数	占比
ACD	2	0.04%	A	1497	32.98%
空白	34	0.75%	B	1739	38.31%
BCD	1	0.02%	C	911	20.27%
AB	1	0.02%	D	350	7.71%
ABC	2	0.07%	ABCD	1	0.02%

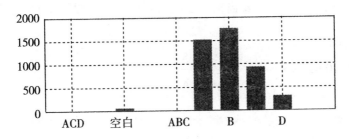

难度分布图

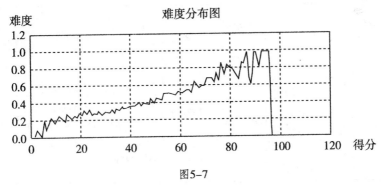

图5-7

【发展水平分析】

本题为大数估算的应用，要求学生能结合现实情境感受大数的意义，体会估算在生活中的作用。本题考查数学运算估算水平二：能参照一定标准进行估算和估计。本题的解答，37.2%的学生选择A选项，21.8%的学生选择C选项，8.9%的学生选择D选项，31.4%的学生选择正确选项。学生没有对1平方米和人数之间建立起联系，也就是对数感的培养有待提高。

【教学实施建议】

估算既是学生应掌握的数学技能，比如在具体情境中，能选择适当的单位进行估算，以及理解估算的意义；也是学生发展数学思考的途径，比如在运用数及适当的度量单位，描述现实生活中的简单现象，以及对运算结果进行估算的过程中，发展数感；还是一种数学解决问题的方法。与"估"相关的不仅有估算，还有数量估计、测量估计。数量估计、测量估计都离不开算，但各有侧重点，数量估计重在对事物数量的感知、数的多少的把握；测量估计重在对相关计量单位，特指量与计量方面的单位，而非数的计量单位的理解。因此，小学阶段的估算主要指运算估算，即通过大致推算对算式结果或实际问题提出粗略答案。估算的能力主要包括：发展估算意识、掌握估算方法、形成估算技能。

例2　计算：$0.625 \times 8.9 + 6.25 \times 0.21 - \dfrac{5}{8}$

【内容情况】

内容领域	具体内容	试题目标	体现思想与方法	落实核心素养	核心素养及表现水平	题型	分值	难度
数与代数	简便计算	学生应灵活的运用运算律进行简便运算，并能熟练将分数，百分数，小数进行互化	运算能力及运算方法的选择	数学运算	数学运算，实施运算水平三：熟练掌握小数和分数的四则混合运算，能灵活运用运算律计算。	计算题	3	0.5

【得分情况】

平均得分率为49.7%，数学总体能力处于A、B、C三个水平的学生在本题上的平均得分率分别为81.6%、51.5%、10.3%。

题号	满分	平均分	难度	标准差	区分度	通过率
17	4	2.07	0.52	1.97	0.7	51.8%

分值	人数	占比（%）	分值	人数	占比（%）
0	2108	46.44	3	51	1.12
1	72	1.59	4	2282	50.28
2	26	0.57			

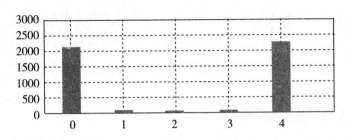

难度分布图

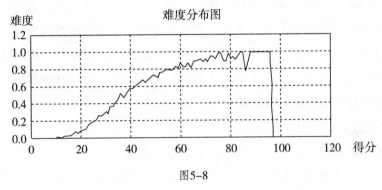

图5-8

【发展水平分析】

本题为运算律的应用，学生应灵活的运用运算律进行简便运算，并能熟练将分数，百分数，小数进行互化。本题考查数学运算实施运算水平三：熟练掌握小数和分数的四则混合运算，能灵活运用运算律计算。本道题的作答，处于A水平的学生平均得分率为81.6%，说明这部分学生基本掌握简便计算，处于B水平的学生平均得分率为51.5%，简便计算能力有待提高，处于C水平的学生基本没有简便计算能力。

【教学实施建议】

数学运算素养不是单一、孤立的，应着眼于四基目标的整体实现，即夯实数学运算的基本知识和基本技能，又要感悟数学运算过程中蕴含的基本思想，不断积累关于数学运算活动的基本经验。

（1）加强直观

① 运用直观手段促进深度探索

遵循感知规律，重视协同运用。例如在20以内进位加法和退位减法的教学中，结合具体问题引导学生进一步理解加、减运算的意义，借助小棒等的操作演示帮助学生理解进位加法时"满十进一"、小单位凑成大单位，退位减法时要"破一当十"的道理，掌握算法，为理解和掌握较复杂的运算算理与算法做好铺垫。通过有目的地训练，帮助学生熟练地进行20以内加减法的口算，进一步奠定数学运算能力的基础。

② 联系直观模型促进多元理解

引导算法多样化，促进解释具体化。例如：在每一次的运算教学过程中，充分放手学生自主探索算理与算法，鼓励学生用不同的方法解决问题，引导学生充分交流讨论，运用自己的语言有条理地表达自己的思考、倾向他人的方法、进行反思，在对比交流中自觉进行算法优化，会合理选择解题方法，培养学生良好的思维品质和思维习惯。

③ 建立直观表象促进形象思维

联系生活实际、运用几何图形建立表象。例如：在简单的小数加减法的学习中，借助具体情境引导学生借助长度单位或人民币单位的转换来自主探索学习小数加减法，理解算理，掌握算法，培养运算能力。

（2）加强联系

① 感悟纵向发展过程

经历由特殊到一般的归纳过程，感悟由简单到复杂的拓展过程。例如：在学习混合运算中，借助解决问题的过程帮助学生理解运算顺序规定的合理性，培养学生能按一定的程序与步骤进行运算的顺序意识，并通过一定的运算训练，正确熟练地解决问题，发展学生的运算能力。

② 把握横向沟通过程

感悟各种运算的相互促进，体会各种算理的相同实质。例如：在学习多位数乘（除）法口算及笔算时，借助学具操作帮助学生几何直观地理解算理和笔算竖式的形成过程，在理解算理的基础上掌握算法。通过有目的适当训练，提高学生计算的准确率和计算速度，提升运算技能。

例3 一块白色的正方形手帕，它的边长是18厘米，手帕上横竖各有两道红条，如图中阴影所示．红条宽都是2厘米，问：这块手帕白色部分的面积是多少？

【内容情况】

内容领域	具体内容	试题目标	体现思想与方法	核心素养	关键能力及表现水平	题型	分值	难度
图形与几何	正方形的面积	能辨认简单图形平移后的图形，掌握正方形的面积公式	转化思想、变中有不变思想、模型思想	数学运算、数学抽象	数学抽象之抽象出图形关系水平二：熟悉平移的特点，理解并掌握图形的面积	解答题	6	0.3

【得分情况】

平均得分率为26.6%，数学总体能力处于A、B、C三个水平的学生在本题上的平均得分率分别为62%、7.2%、1.2%。

满分	平均分	难度	标准差	区分度	正确率
6	1.6	0.27	2.62	0.59	26.7%

分值	人数	占比（%）	分值	人数	占比（%）
0	3236	71.29	4	1497	0.26
1	88	1.94	5	1739	0.79
2	8	0.18	6	911	25.45
3	4	0.09			

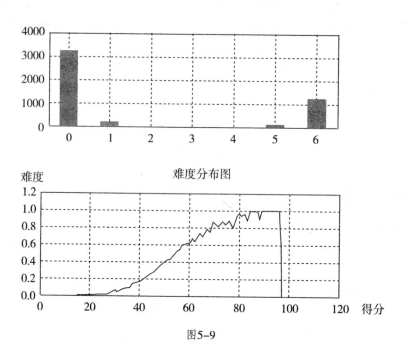

图5-9

【发展水平分析】

正方形的面积是基础，学生能够把稍复杂的图形通过辨认，平移，转化为已知的图形，体会变中有不变思想。本题考查数学抽象之抽象出图形关系水平二：熟悉平移的特点，理解并掌握图形的面积。本道题的作答，学生平均得分率是26.6%，说明学生对这道题的抽象，转化能力有待提高。A水平的平均得分率是62%，基本能够通过转化，平移，解决问题。B水平和C水平这类题目的解决能力上比较薄弱。

【核心素养教学实施建议】

（1）小学数学教学，要突出数学知识的形成，引导学生参与"知识背景—知识形成—揭示联系"的过程，理解数学实质、发展思考能力，要贴近学生的生活现实、数学现实，引导学生经历从现实情境中抽象出数学知识和方法的过程，发展学生的数学抽象素养体现学科特点，凸显内容本质和鼓励多元表征。在引导学生进行数学抽象时，要鼓励学生基于自身的感性经验和数学思考，对数学概念从不同的角度或运用不同的方式进行表征，各种表征的使用既要符合从直观到抽象的过程，又要能相互转化，以促进抽象的数学概念或关系的建立与发展。例如本题，经过平移，可以将复杂的图形转化为已知的图形，进而较为简单的解决问题。

（2）数学运算素养是学生掌握数学运算基本知识技能、形成数学运算能力和感悟算法化思想的有机统一。本题体现的数学运算素养是选择运算方法求得运算结果。

学生进行数学运算，针对具体的情景或给出的算式运用数学的概念、公式等，通过算求出结果。学生面对的情境，可能是生活情境，可能是比较纯粹的数学情境，运算过程中，无论是情境中的理解，还是算式的分析、运算策略的选择与确定，都需要学生具备对四则运算、混合运算顺序等基本知识的理解和掌握。

例4 下面三种动物的孵化期信息（如图），鸽子的孵化期是多少天？

鹅   鸡   鸽子

30天   相当于鹅的 $\frac{7}{10}$ 相当于鸡的 $\frac{6}{7}$

为了解决这个问题，小丽、小兰、小君、小强分别用图表示出三种动物孵化期之间的数量关系，用图表示关系正确的是

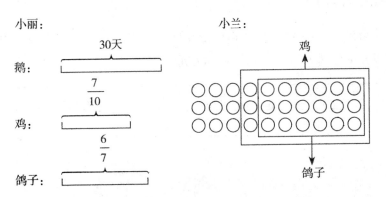

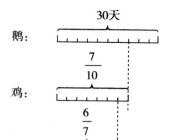

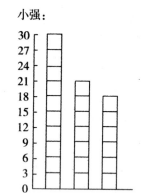

A.小丽、小君、小强   B.小兰、小强

C.小丽、小兰、小强   D.小丽、小君、小兰、小强

【内容情况】

内容领域	具体内容	试题目标	体现思想与方法	核心素养	关键能力及表现水平	题型	分值	难度
数与代数	六年级	结合具体情境，理解分数的意义，解决简单的实际问题	数形结合、统计思想	直观想象	直观想象几何直观水平三：体会数形结合，利用直观想象反映数学问题本质，形成解决问题的思路。	选择题	3	0.76

【得分情况】

平均得分率为76.4%，数学总体能力处于A、B、C三个水平的学生在本题上的平均得分率分别为95.8%、82.8%、42.2%。

满分	平均分	难度	正答率	标准差	区分度
3	2.41	0.8	80.33%	1.19	0.47

选项	人数	占比	选项	人数	占比
BCD	2	0.04%	C	285	5.84%
空白	25	0.55%	D	269	5.93%
AD	1	0.02%	ABCD	1	0.02%
A	3646	80.33%	ABD	1	0.02%
E	329	7.25%			

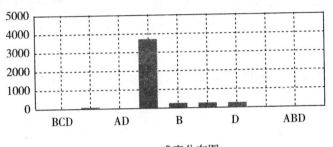

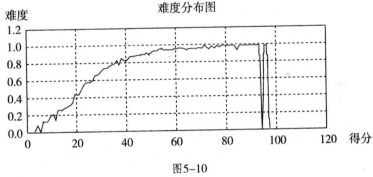

难度分布图

图5-10

【发展水平分析】

本题为分数的意义的应用，要求学生结合具体情境，理解分数的意义，解决简单的实际问题。本题考查直观想象之几何直观水平三：体会数形结合，利用直观想象反映数学问题本质，形成解决问题的思路。本题的解答，8.9%的学生选择B选项，7.4%的学生选择C选项，6.8%的学生选择D选项，76.4%的学生选择正确选项。虽然这道题的信息量也比较大，但是从学生的得分率来看，多数学生能够掌握并理解分数的意义，能够通过直观图分析分数所表达的含义。C水平的得分率为42.2%，偏低，这部分学生的理解分析能力有待提高。

【核心素养教学实施建议】

数形结合是培养直观现象素养的重要环节

我们的教学要有统一的视野，通过数形结合来理解运算的意义。例如：在探究分数的四则混合运算过程中，引导学生利用画线段图的方法，整理分析问题，感受线段图对解决问题的作用。

总之，在全面推行素质教育的今天，数学运算在数学教学育人中具有重要的地位和作用。让学生经历数与代数的抽象、运算过程，掌握数与代数的基础知识与基本技能，充分体验由算理直观化到算法抽象性之间的过渡和演变过程，从而达到对算理的深层理解和对算法的切实把握，初步形成运算能力。

第四节　规律课型核心素养测评与分析

规律课要结合现实生活情境，从学生亲身经历出发，获取数学信息，提取教学素材，找到贴近学生生活的情境，激发学生的学习兴趣，调动学生积极探索新知，进而培养学生逻辑推理能力和抽象概括能力从而落实数学核心素养。在规律课教学中主要体现的数学核心素养：逻辑推理、数学建模、数学抽象。下面以笔试的方式了解学生数学核心素养的落实情况：

例1　爷爷的八十大寿快到了，莉莉想在日历上把这一天圈起来，但不知道爷爷的生日是哪一天，于是便去问爸爸，爸爸笑着说："在日历上，那一天的上、下、左、右4个日期的和正好等于那天爷爷的年龄"，那么莉莉爷爷的生日是（　　　）

A. 16日　　　　　　　　　　　B.18日

C.20日　　　　　　　　　　　D.22日

【内容情况】

内容领域	具体内容	试题目标	体现思想与方法	落实核心素养	核心素养及表现水平	题型	分值	难度
数与代数	四年级日历中的时间	通过具体情境，运用日历中的规律解决问题	模型、数形结合思想	逻辑推理、数学建模、数学抽象、数学运算	逻辑推理：演绎推理水平三：结合复杂情境，依据相应定义，深入理解数的特征及相互间的关系。	选择题	3	0.494

【得分情况】

全县共有4539名学生参加本次检测，其中0分的2296人，3分的2243人。平均得分率为49.4%，数学总体能力处于A、B、C三个水平的学生在本题上的平均得分率分别为63.3%、49%、34.4%。

得分	平均分	难度	标准差	区分度	通过率
3	1.483	0.494	1.5	0.23	49.417%

选项	人数	占比	选项	人数	占比
ACD	1	0.02%	ABC	2	0.04%
AC	1	0.02%	A	381	8.39%
空白	28	0.62%	B	157	3.46%
BD	1	0.02%	C	1427	31.44%
BC	1	0.02%	D	2540	55.96%

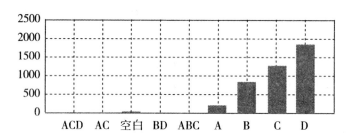

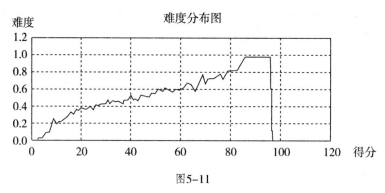

图5-11

【发展水平分析】

本题考查日历中的数学规律，通过观察，对比等策略，运用数及数的运算解决生活中的简单问题。本题要求学生达到逻辑推理水平三：结合复杂情境，依据相应定义，深入理解数的特征及相互间的关系。17.27%的学生选择A选项，19.63%的学生选择B选项，12.71%的学生选择D选项，说明除了会做的学生，其他学生基本没有思路，选择其他选项的分布比较均匀。从三个水平的得分率来看，差距没那么大，可能会有10%左右的学生即使做对了，也不是真的懂其中的道理。应该引导学生理解日期表中各个数据之间的关系。

【核心素养教学实施建议】

（1）重视探求知识间内在规律

我们的在教学中要重视在现实情境中观察、提炼数的特征，在观察归纳出数学结论的基础上，努力去探索背后的内在逻辑关系，要重视寻找新知识是什么，更要重视探究这背后的为什么。如上题，不仅仅体现了日历表中的数本身，也要关注这些数之间的内在联系，其实还关注了不同月份之间的融会贯通，深度理解。

（2）重视引导学生抽象规律，用语言描述规律

在规律课教学中学生通过探究，能初步感知规律，教学时要通过师生思维的碰撞，引导学生用自己的语言描述规律，良好的逻辑推理素养，一个重要标志就是表达，包括口头表达和书面表达。

例2　如图，方格纸中每个小方格的边长均为1cm，图中长方形ABCD是小明爷爷家菜地的平面图。

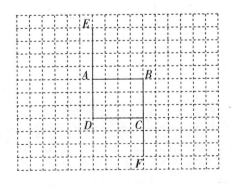

（1）如果AB的实际长为8米，这幅平面图的比例尺是_____。

（2）若点A在点C的北偏西约53°方向上，那么点D在点B的什么方向上？

（3）点E和F分别有两只牧羊犬，用绳子AE和CF分别拴在A和C两处．请你画出两只牧羊犬的活动范围（不能进入菜地），并用数对表示出两只牧羊犬相遇的位置。

【 内容情况 】

内容领域	具体内容	试题目标	体现思想与方法	落实核心素养	核心素养及表现水平	题型	分值	难度
图形与几何	六年级比例尺、圆、用方向和距离表示位置	通过具体情境，运用学过的知识解决问题	模型思想、数形结合思想	逻辑推理、数学建模、数学运算	逻辑推理：演绎推理水平三 结合复杂情境，借助已有知识能灵活推理计算得出圆的周长和面积及相关知识综合运用。	解决问题	7	0.2

【 得分情况 】

全县共有4539名学生参加本次检测，其中0分的3206人，1分的121人，2分的263人，3分的105人，4分的46人，5分的144人，6分的18人，7分的636人。

平均得分率为18.2%，数学总体能力处于A、B、C三个水平的学生在本题上的平均得分率分别为34.7%、16.2%、3.2%。

得分	平均分	难度	标准差	区分度	通过率
7	1.27	0.18	1.42	0.31	18.17%

选项	人数	占比（%）	选项	人数	占比（%）
0	3206	70.63	4	48	1.01
1	121	2.67	5	144	3.17
2	263	5.79	6	18	0.4
3	105	2.31	7	636	14.01

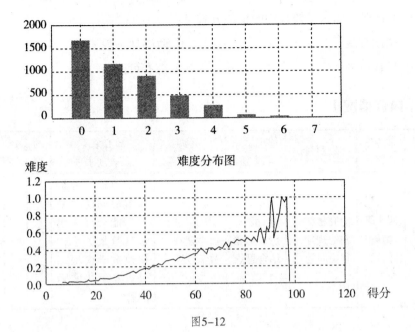

难度分布图

图5-12

【发展水平分析】

本题为比例尺，圆的面积，方向与位置综合性题目，学生应该了解比例尺；能根据物体相对于参照点的方向和距离确定其位置；会描述简单的路线图；在具体情境中，能在方格纸上用数对表示位置，知道数对与方格纸上点的对应。本题考查逻辑推理：结合复杂情境，借助已有知识能灵活推理计算得出圆的周长和面积及相关知识综合运用。本道题的作答，学生平均得分率是18.2%，说明大多数学生对这道题的理解不够透彻，解决综合问题的能力有待提高。

【核心素养教学实施建议】

（1）教学时借助事物的位置和运动规律，培养学生的直观想象能力，利用图形描述分析数学问题，建立数形结合的思想。

（2）学生的空间观念需要在课堂教学中通过学生动手操作，感受图形的特征并用语言描述特征，空间观念包括事物和几何图形的相互转化能力、物体位置、和相互位置关系的把握能力、物体运动与变化的刻画描述能力，借助几何图形解决问题的能力。在日常教学时要重视空间观念的培养。

例3 希望小学门前道路长80米，学校在道路一侧每隔5米种植一棵树，一共种植了15棵. 那么学校采用的植树方式是：

A. 两端都栽   B. 两端都不栽

C. 只栽一端   D. 都有可能

【内容情况】

内容领域	具体内容	试题目标	体现思想与方法	落实核心素养	核心素养及表现水平	题型	分值	难度
数和代数	四年级植树问题	探究植树问题的规律，解决问题	模型思想、数形结合思想	逻辑推理、数学建模、数学运算	数学建模：分析和解决问题水平二：能合理运用常见数量关系，构建数学模型，分析和解决实际问题。	解决问题	3	0.27

【得分情况】

平均得分率为25%，数学总体能力处于A、B、C三个水平的学生在本题上的平均得分率分别为48.6%、18.4%、11%。

得分	平均分	难度	标准差	区分度	通过率
3	0.8	0.27	1.33	0.35	26.7%

选项	人数	占比（%）	选项	人数	占比（%）
BCD	2	0.04%	C	265	5.84%
空白	25	0.55%	D	269	5.93%
AD	1	0.02%	ABCD	1	0.02%
A	3846	80.33%	ABD	1	0.02%
B	329	7.25%			

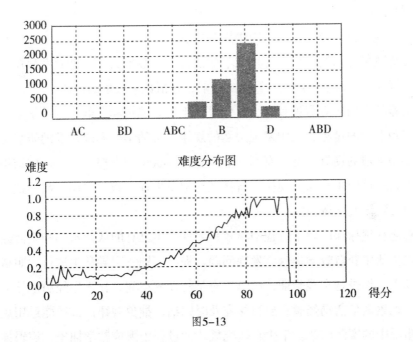

图5-13

【发展水平分析】

本题为植树问题的应用，要求学生能探索给定情境中隐含的规律。本题考查数学建模分析和解决问题水平二：能合理运用常见数量关系，构建数学模型，分析和解决实际问题。本题的解答，12.07%的学生选择A选项，52.57%的学生选择C选项，8.17%的学生选择D选项，只有26.7%的学生选择正确选项B。说明大多数学生首先，没有建立起植树问题的数学模型，不能根据已有知识解决问题，其次，学生不能通过画图等手段有效解决问题，最后，学生不能灵活根据情境探索隐含的规律。

【核心素养教学实施建议】

（1）从现实情境中选择、加工信息，抽象成数学问题。

在解决问题之前，教师可以通过具有针对性和启发性的提问，指导学生从现实场景中收集信息，并借助已有的经验感受其中隐含的数学问题，从而促使学生将生活问题抽象成数学问题，感知数学模型的存在。此题可以把植树问题转化为除法中的包含除问题，学生就能够比较清楚的计算出80里面有多少个5，进而顺利解决问题。

（2）通过分析数量关系，构建数学模型。

分析数量之间的关系，并用数学的语言表述数量关系，进而发现规律，应用规律解决问题，学生经历从具体到一般，感悟数学模型的特征。

培养学生的研究意识和能力，促进学生主动成长和发展，帮助学生了解知识生成和发展的过程，从中发现必然的规律；帮助学生养成科学的研究态度，形成主动学习的良好心态，有利于学生整体的认识和掌握规律，形成结构化的思维方式；使学生在探究规律时所体现的逻辑推理、数学建模、数学抽象等关键能力得到较大提高。

总之在规律课的教学过程中，教师要从学生已有的认知基础和生活经验出发，在生活中获取数学信息、发现问题，提出问题；引导学生进行大胆猜想，通过动手操作进行实践验证，给学生充足的探究空间，让学生经历规律的生成过程，积累数学活动经验；通过探究及时归纳，抽象规律；最后能运用规律，解决生活中的实际问题。学生在探究规律的过程中形成数学抽象、逻辑推理、数学建模等关键能力。

参考文献

［1］中华人民共和国教育部.普通高中数学课程标准（2017年版）.北京师范大学出版社［G］.

［2］义务教育学科核心素养与关键能力研究项目组.义务教育学科核心素养.关键能力测评与教学［G］.江苏凤凰科学技术出版社.2018（06）：14-19.